INVENTAIRE
30391

BIBLIOTHÈQUE

DE

M. le Cte René de Béarn

Deuxième Partie.

BIBLIOTHÈQUE DE M. LE COMTE RENÉ DE BÉARN

CATALOGUES EN PRÉPARATION

TROISIÈME PARTIE :

Entrées, Fêtes, Cérémonies, Sacre des rois, Tournois, etc.
Histoire de Paris, Villes et Provinces, Blason, Généalogies.

(*La plupart reliés en maroquin ancien avec armoiries.*)

QUATRIÈME PARTIE :

Histoire de France de 1789 à nos jours.

CATALOGUE

DE LA

BIBLIOTHÈQUE

DE

M. LE COMTE RENÉ DE BÉARN

———

DEUXIÈME PARTIE

LA VENTE

aura lieu

du Lundi 15 au Jeudi 18 Novembre 1920

à 2 heures précises

HOTEL DES COMMISSAIRES-PRISEURS

9, rue Drouot, Salle N° 7

Par le Ministère de M⁰ Henri BAUDOIN,

COMMISSAIRE-PRISEUR

10, Rue de la Grange-Batelière, 10

Assisté de M. Lucien GOUGY, libraire,

EXPERT PRÈS LE TRIBUNAL CIVIL

5, Quai de Conti, 5

Voir l'ordre des Vacations à la fin du Catalogue.

CONDITIONS DE LA VENTE

La vente se fait au comptant.

Les acquéreurs paieront 17.50 pour 100 en sus des enchères.

Les livres vendus devront être collationnés dans les vingt-quatre heures de l'adjudication. Passé ce délai, ils ne seront repris pour aucune cause.

M. Lucien GOUGY se réserve la faculté, dans l'intérêt de la vente, de réunir ou de diviser les numéros du catalogue. Il remplira les commissions qu'on voudra bien lui confier.

Les livres, composant ce catalogue, pourront être examinés à la Librairie Lucien GOUGY, 5, Quai de Conti, du Jeudi 4 au Mercredi 10 Novembre 1920, de 2 heures à 5 heures.

Exposition, dans la salle où aura lieu la vente, le Dimanche 14 Novembre 1920, de 2 heures à 5 heures.

CATALOGUE

DE LA

BIBLIOTHÈQUE

DE

M. LE COMTE RENÉ DE BÉARN

DEUXIÈME PARTIE

HISTOIRE

LIVRES ANCIENS

LA PLUPART RELIÉS EN MAROQUIN AVEC ARMOIRIES
par BOYET, LE GASCON, PASDELOUP, DEROME, etc.

LIVRES MODERNES

RELIURES DE BOZÉRIAN, SIMIER, PETIT, etc.,
TRAUTZ-BAUZONNET, CHAMBOLLE-DURU,
LORTIC, THIERRY

PARIS

LIBRAIRIE LUCIEN GOUGY

5, QUAI DE CONTI, 5

(près le Pont-Neuf)

1920

LIVRES ANCIENS

R. F. BIBLIOTHÈQUE NATIONALE

1. BIBLIOTHÈQUES françoises (Les) de La Croix du Maine et de
  Du Verdier, sieur de Vauprivas. Nouvelle édition, dédiée au
  Roi, revue, corrigée et augmentée d'un discours sur le progrès
  des lettres en France et des remarques historiques, critiques et
  littéraires de M. de La Monnoye et de M. le Président Bouhier,
  de M. Falconnet, par M. RIGOLEY DE JUVIGNY. *A Paris, chez
  Saillant et Nyon,* 1773, 6 vol. in-4, portrait par Cochin, mar.
  rouge, fil., fleurons aux angles, dos orné, dent. int., tr. dor.
  (*Rel. anc.*).

   Bel exemplaire tiré sur GRAND PAPIER.

2. MÉTHODE pour étudier l'histoire, où après avoir établi les
  principes et l'ordre qu'on doit tenir pour la lire utilement, on
  fait les remarques nécessaires pour ne pas se laisser tromper
  dans sa lecture, avec un catalogue des principaux historiens et
  des remarques critiques sur la bonté de leurs ouvrages et sur le
  choix des meilleures éditions. *A Paris, chez Jean Musier,* 1713,
  2 vol. in-12, mar. rouge, fil., dos orné, dent. int., tr. dor.
  (*Rel. anc.*).

3. NOUVEAU traité de Diplomatique, où l'on examine les fonde-
  ments de cet art, on établit des règles sur le discernement des
  titres et l'on expose historiquement les caractères des bulles

pontificales et des diplômes donnés en chaque siècle... par deux religieux bénédictins de la congrégation de Saint-Maur (par dom René TASSIN et dom Ch. Franc. TOUSTAIN). *A Paris, chez Guillaume Duprez,* 1750-1765, 7 vol. in-4, dont un de planches, mar. rouge, large dent. à petits fers, dos orné, dent. int., tr. dor. (*Rel. anc.*).

Bel exemplaire tiré sur GRAND PAPIER de cet ouvrage estimé.

HISTOIRE UNIVERSELLE

4. ABRÉGÉ chronologique de l'histoire universelle. Manuscrit de 256 ff. In-fol., mar. rouge, fil., pièces d'armoiries au dos, dent. int., tr. dor. (*Rel. anc.*).

Copie manuscrite d'une belle écriture du XVIII° siècle.
Aux armes de CHARLES-JEAN-BAPTISTE Fleuriau d'Armenonville, comte de Morville.

5. ANTIQUITÉ expliquée (L') et représentée en figures par dom Bernard de MONTFAUCON. *A Paris, chez Florentin Delaulne,* 1719, 10 vol. — SUPPLÉMENT au livre de l'antiquité expliquée. *A Paris, chez Florentin Delaulne,* 1724, 5 vol. — Ens. 15 vol. in-fol., mar. rouge, fil., dos orné, dent. int., **tr. dor.** (*Rel. anc.*).

Bel exemplaire en GRAND PAPIER de cet ouvrage estimé, orné d'un grand nombre de planches représentant d'anciens monuments dont le P. de Montfaucon a, le premier, fait ressortir l'intérêt.

6. ART de vérifier les dates (L') des faits historiques, des chartes, des chroniques et autres anciens monuments depuis la naissance de Notre-Seigneur (commencé par dom Maur. Fr. d'ANTINE, dom CLÉMENCET et dom DURAND; continué et publié par dom F. CLÉMENT). *A Paris, chez Alexandre Jombert,* 1783-1787,

3 tomes en 6 vol. in-fol. mar. vert, encad. de fil. et dent., dos
orné, doubl. et gardes de tabis rose. dent. int., tr. dor.
(*Rel. anc.*).

Bel exemplaire en GRAND PAPIER dans une jolie reliure de *Bisiaux*. Il
a appartenu à Renouard.

L'étiquette de *Bisiaux* est collée sur le feuillet de garde du premier
volume.

7. COSMOGRAPHIE universelle (La) contenant la situation de
toutes les parties du monde, avec leurs propriétez et apparte-
nances, par Sébast. MUNSTERE (à la fin): *Cy finist la cosmographie
universelle, comprinse en six livres, nouvellement corrigée et
augmentée, laquelle a esté achevée d'imprimer aux despens de Henry
Pierre*, 1560, fort vol. in-fol. veau marb., fil., milieu et dos
ornés. (*Rel. du XVIe siècle.*)

Nombreuses vues de villes et vignettes gravées sur bois.

---

8. DICTIONNAIRE DE BAYLE. Dictionnaire historique et critique par M. Pierre BAYLE. Troisième édition revue, corrigée et
augmentée par l'auteur. *A Rotterdam, chez Michel Bohm*, 1720,
4 vol. in-fol. mar. vert, fil., dos orné, dent. int., tr. dor.
(*Rel. anc.*).

Exemplaire en GRAND PAPIER.

9. — Remarques critiques sur le dictionnaire de Bayle (par l'abbé
Ph. L. JOLY). *A Paris, chez E. Ganeau*, 1752, 2 parties en 1 vol.
in-fol. veau fauve, fil., dos orné, dent. int., tr. rouges.
(*Rel. anc.*).

10. — Nouveau dictionnaire historique et critique pour servir de
supplément ou de continuation au dictionnaire historique et
critique de M. Pierre Bayle, par Jacques George de CHAU-
FEPIÉ. *A Amsterdam, chez Chatelain*, 1750-1756, 4 vol. in-fol.,
veau marb., dos orné, tr. marb. (*Rel. anc.*).

---

11. DICTIONNAIRE des portraits historiques, anecdotes et traits remarquables des hommes illustres. *A Paris, chez Lacombe,* 1768, 3 vol. pet. in-8, veau marb., dos orné, tr. rouges (*Rel. anc.*).

> Exemplaire provenant de la bibliothèque de **Madame Du Deffand**. Les chats sont répétés au dos de la reliure. Provenance rare.

12. DISCOURS sur les monuments publics de tous les âges et de tous les peuples connus, suivi d'une description du monument projeté à la gloire de Louis XVI et de la France, par M. l'abbé de Lubersac. *A Paris, de l'Imp. royale,* 1775, pet. in-fol. mar. rouge, fil., dos fleurdelisé, dent. int., tr. dor. (*Rel. anc.*).

> Exemplaire aux armes de Marie-Thérèse **de Savoie, comtesse d'Artois.** Beau frontispice par *Monnet*, représentant le Roi en grand costume, gravé par *Masquelier.* Deux planches pliées (projet du monument) par *Touzé*, gravées à l'eau-forte par *Masquelier.*

13. DISCOURS sur l'histoire universelle à Monseigneur le Dauphin, pour expliquer la suite de la religion et les changemens des Empires, par Messire Jacques Bénigne Bossuet. *A Paris, chez Sébastien Mabre-Cramoisy,* 1681, in-4 mar. rouge, fil., dos fleurdelisé, dent. int., tr. dor. (*Rel. anc.*).

> Édition originale.
> Exemplaire aux armes de Louis-Alexandre **de Bourbon, comte de Toulouse,** *fils naturel de Louis XIV et de Madame de Montespan.*

14. DISCOURS sur l'histoire universelle à Monseigneur le Dauphin, pour expliquer la suite de la religion et les changemens des Empires, par Messire Jacques Bénigne Bossuet. Seconde édition. *A Paris, chez Sébastien Mabre-Cramoisy,* 1682, in-12 réglé, mar. noir, fil., pièces d'armoiries aux angles et au dos, dent. int., tr. dor. (*Rel. anc.*).

> Édition rare : la première de ce format.
> Exemplaire aux armes de N. **Voisin de La Noraye,** *femme* de Paul Esprit **Feydeau,** *seigneur de Brou.*

15. ÉLÉMENS d'histoire générale, par M. l'abbé Millot. *A Paris,*

chez Prault, 1772-1773, 9 vol. in-12, mar. rouge, fil., dos orné, dent. int., tr. dor. (*Rel. anc.*).

Bel exemplaire dans une reliure très fraîche.
Histoire ancienne, 4 vol. — Histoire moderne, 5 vol.

16. ÉLOGES historiques des cardinaux illustres, françois et estrangers, mis en parallèle, avec leurs pourtraits au naturel, par le P. Henri ALBI, de la compagnie de Jésus. *A Paris, chez Anthoine De Cay*, 1644, in-4 réglé, mar. rouge, encad. de fil., fleurons aux angles, dos orné, dent. int., tr. dor. (*Rel. anc.*).

Exemplaire de dédicace aux armes du **cardinal Mazarin**.
L'ouvrage est orné d'un portrait de Mazarin et de 40 portraits, gravés à l'eau-forte, par *Fr. Van Wingaerd* et *Baron*.

17. ESSAI sur l'histoire chronologique de plus de 80 peuples de l'antiquité, composé pour l'éducation de Monseigneur le Dauphin, par M. de LABORDE. *A Paris, de l'Imp. de Fr. Amb. Didot l'aîné*, 1788-1789, 2 vol. in-4, mar. bleu, fil., dent. int., tr. dor. (*Rel. anc.*).

Exemplaire en GRAND PAPIER VÉLIN.

18. ESSAY sur l'histoire générale et sur les mœurs et l'esprit des nations, depuis Charlemagne jusqu'à nos jours (par VOLTAIRE). Nouvelle édition revue, corrigée et considérablement augmentée. S. l., 1761-1763, 8 vol. in-8, mar. rouge, fil., fleurons aux angles, dos orné, doubl. et gardes de tabis vert, dent. int., tr. dor. (*Rel. anc.*).

Édition la meilleure de cet ouvrage, qui fut condamné par décret de la Cour de Rome, en date du 21 novembre 1757, lors de sa première publication.

19. HISTOIRE des martyrs persécutez et mis à mort pour la vérité de l'Evangile, depuis le temps des Apostres jusques à l'an 1597. Comprinse en douze livres contenant les actes mémorables du Seigneur en l'infirmité des siens.... (par Jean CRESPIN). Revue et augmentée en ceste édition des deux derniers livres et de plusieurs choses remarquables ès précédens. S. l., 1597, in-

fol., ais de bois recouverts de peau de truie estampée, fermoirs en cuivre. (*Rel. du* XVI*ᵉ siècle.*)

Troisième édition, augmentée de deux livres.
Reliure du XVIᵉ siècle, très bien conservée.

20. HISTOIRE des ordres monastiques, religieux et militaires, et des congrégations séculières de l'un et de l'autre sexe, qui ont été établies jusqu'à présent ......, avec des figures qui représentent tous les différens habillements de ces ordres et de ces congrégations (par le P. Hélyot). *A Paris, chez J.-B. Coignard,* 1721, 8 vol. in-4, mar. rouge, fil., fleurons aux angles, dos orné, dent. int., tr. dor. (*Rel. anc.*).

Ouvrage orné d'environ 800 planches de costumes religieux, gravées par *Duflos, Giffart, de Poilly,* etc.; ELLES ONT TOUTES ÉTÉ COLORIÉES ANCIENNEMENT.

21. HISTOIRE universelle de Jacque-Auguste de Thou, depuis 1543 jusqu'en 1607. Traduite sur l'édition latine de Londres (par J. B. Le Mascrier, Ch. Lebeau, l'abbé Des Fontaines, etc.). *A Londres, (Paris),* 1734, 16 vol. in-4, portrait, mar. rouge, fil., dos orné, dent. int., tr. dor. (*Rel. anc.*).

Exemplaire en GRAND PAPIER.

22. INTRODUCTION à l'histoire générale et politique de l'univers, où l'on voit l'origine, les révolutions, l'état présent et les intérêts des Souverains ; commencée par M. le Baron de Pufendorff, complétée et continuée jusqu'à 1743, par M. Bruzen de La Martinière. *A Amsterdam, chez Zacharie Chatelain,* 1743-1745, 8 vol. in-12, cartes et figures, mar. rouge, fil., dos orné, dent. int., tr. dor. (*Rel. anc.*).

Exemplaire aux armes de **Madame de Pompadour.**

23. INTRODUCTION à l'histoire moderne générale et politique de l'Univers ; où l'on voit l'origine, les révolutions et la situation présente des différens Etats de l'Europe, de l'Asie, de l'Afrique et de l'Amérique ; commencée par le Baron de Pufendorff,

augmentée par M. Bruzen de La Martinière. Nouvelle édition,
revue, considérablement augmentée, corrigée sur les meilleurs
auteurs et continuée jusqu'en 1750 par M. de Grace. *A Paris, chez
Mérigot*, 1753-1759, 8 vol. in-4, mar. vert, fil., dos orné, dent.
int., tr. dor. (*Rel. anc.*).

> Belle édition ornée d'un frontispice, par *Eisen*, gravé par *Aliamet*
> 8 fleurons, 1 écusson, 1 médaillon avec portrait, par *Ehrenstrahl*, gravé
> par *Fiquet*, 32 vignettes, 23 culs-de-lampe, 32 lettres ornées, par *Eisen*,
> gravées par *Aliamet, Aveline, Fiquet, Lemire*, etc., et 23 cartes géogra-
> phiques.

24. MÉMOIRES de Condé servant d'éclaircissement et de preuves à l'histoire de M. de Thou, contenant ce qui s'est passé de
plus mémorable en Europe. Ouvrage enrichi d'un grand nombre
de pièces curieuses qui n'ont jamais paru (par Den. Fr. Secousse)
augmenté d'un supplément (par Lenglet du Fresnoy). *A Londres,
et se vend à Paris, chez Rollin*, 1643, 6 vol. in-4, veau fauve, fil.,
dos à la grotesque, dent. int., tr. dor. (*Rel. anc.*).

> Exemplaire en grand papier.
> Cette compilation, qui contient la réimpression de nombreuses pièces
> historiques, ainsi que la première édition de documents restés manus-
> crits, est de la plus grande importance pour l'histoire de l'Europe pen-
> dant les guerres de religion.
> L'ouvrage est orné de portraits, vignettes et plans de batailles, gravés
> en taille-douce.

25. MÉMOIRES historiques, politiques, critiques et littéraires, par
Amelot de la houssaye. Ouvrage imprimé sur le propre manuscrit de l'auteur. *A Amsterdam, chez Zacharie Chatelain*, 1737, 3 vol.
in-12, mar. rouge, fil., fleurons aux angles, dos orné, dent.
int., tr. dor. (*Rel. anc.*).

26. MONDE dans une noix (Le), c'est à dire un abrégé de l'histoire universelle chronologique des avénemens les plus remarquables du Monde, très plaisamment représentez par tables et
par figures en fine taille douce, pour les retenir plus aisément
dans la mémoire. Traduit de l'allemand en françois, par ordre

d'un prince, par Mathias CRAMER. *S. l. n. d.* (1722), in-4 veau
fauve, fil., dos orné, dent. int., tr. dor. (*Thompson*).

Très nombreuses et curieuses figures de *Ch. Weigel*, gravées en taille-
douce.

27. NOUVEAU théâtre du Monde, contenant les estats, empires,
royaumes et principautez, représentez par l'ordre et véritable
description des pays, mœurs des peuples, forces, richesses,
gouvernemens, religion, etc., par le sieur D. T. V. Y. (Pierre
DAVITY). *A Paris, chez Antoine Estienne*, 1661, 2 tomes en 1 vol.
in-fol. mar. rouge, encad. de fil. à la Du Seuil, dos orné, tr. dor.
(*Rel. anc.*).

Exemplaire de dédicace aux armes de la Reine Mère **Anne d'Autriche**,
entourées de la cordelière de veuve.

28. PETIT abrégé chronologique et géographique. Manuscrit de
111 pp. pet. in-4, mar. vert, fil., pièces d'armoiries aux angles,
dos orné, dent. int., tr. dor. (*Rel. anc.*).

Manuscrit d'une bonne écriture de la fin du XVIII° siècle.
Aux armes de N. **Talbot de Tyrconnel, marquise de Vintimille**.

29. RECUEIL de pièces historiques. Angleterre, Flandre, Hollande. Manuscrit de 646 ff. in-fol. mar. rouge, encad. de fil.,
fleurs de lis aux angles et au dos, tr. dor. (*Rel. anc.*).

Aux armes d'AUGUSTIN **Dugué de Bagnols**. Belle copie manuscrite
du XVII° siècle : traités de paix, lettres d'ambassadeurs, etc., de 1495
à 1646.

30. RÉVOLUTIONS des Empires, royaumes, républiques, et
autres états considérables du monde, depuis la création jusqu'à
nos jours. Avec une légère description des lieux ; une idée suc-
cincte du génie, des mœurs, de la religion, des coutumes, du
commerce des différens peuples de la terre ; une suite exacte des
souverains, et l'histoire abrégée de ceux qui se sont le plus dis-
tingués par leurs vertus ou par leurs vices, par M. RENAUDOT,
avocat. *A Paris, chez Saillant*, 1769, 2 vol. in-12, front. mar.

rouge, fil., fleurons aux angles, dos orné, dent. int., tr. dor. (*Rel. anc.*).

Exemplaire de dédicace à Monseigneur le Dauphin.
Les armes de France, avec une couronne de Prince du Sang, ont été frappées sur les plats de la reliure.

31. SPECTACLE historique ou mémorial chronologique des principaux événemens tirés de l'histoire universelle (par A. C. Cailleau). *A Paris, chez J. B. P. Valleyre*, 1764, 2 vol. in-8, mar. vert, dent., dos fleurdelisé, dent. int., tr. dor. (*Rel. anc.*).

Exemplaire de dédicace en grand papier, aux armes de Louis, **Duc de Berry**, qui fut plus tard *Louis XVI*.

32. TABLETTES chronologiques de l'histoire universelle, sacrée et profane, ecclésiastique et civile, depuis la création du monde jusqu'à l'an 1762; avec des réflexions sur l'ordre que l'on doit tenir, et sur les ouvrages nécessaires pour l'étude de l'histoire, par M. l'abbé Lenglet Dufresnoy. Nouvelle édition revue, corrigée et augmentée. *A Paris, chez De Bure*, 1763, 3 vol. in-12, mar. vert, fil., dos orné, dent. int., tr. dor. (*Rel. anc.*).

Exemplaire aux armes de **Madame Victoire**, *fille de Louis XV*. Son ex-libris est à l'intérieur des volumes.

33. TRAITÉ de la vie des Papes, des schismes et des conciles, et des prophéties de St Malachie, touchant les Souverains Pontifes qui depuis son vivant se succéderont jusqu'à la fin des siècles. *S. l. n. d.* Manuscrit de 267 pp. in-4, mar. rouge, encadr. de fil., fleurs de lis aux angles et au dos, dent. int., tr. dor. (*Rel. anc.*).

Manuscrit du xviii° siècle, d'une très belle écriture bâtarde.

34. VIE du Pape Alexandre VI (La) et de son fils César Borgia, contenant les guerres de Charles VIII et Louis XII, Rois de France et les principales négociations et révolutions arrivées en Italie depuis l'année 1492 jusqu'en 1506, par Alexandre Gordon. *A Amsterdam, chez Pierre Mortier*, 1732, 2 vol. in-12, portraits, mar. citron, fil., dos orné, tr. dor. (*Rel. anc.*).

Exemplaire aux armes de Henri, **comte de Calenberg**.

35. ACADÉMIE des sciences et des arts, contenant les vies et les
éloges historiques des hommes illustres, qui ont excellé en ces
professions depuis environ quatre siècles parmy diverses nations
de l'Europe : avec leurs pourtraits tirez sur les originaux au
naturel, et plusieurs inscriptions funèbres, exactement recueillies de leurs tombeaux, par Isaac BULLART. *A Amsterdam, se
vendent chez les héritiers de Daniel Elzévier*, 1682, 2 vol. pet. in-fol.,
mar. La Vall. encad. de fil., fleurons aux angles, dos orné,
doubl. aux armes et au chiffre du comte René de Béarn, tr.
dor. (*Chambolle-Duru*).

> Bel exemplaire du PREMIER TIRAGE. Ouvrage renfermant de nombreux
> portraits gravés par *N. de Larmessin, Esme de Boulonnois*; historiens
> jurisconsultes, littérateurs, médecins, géographes, voyageurs, archi-
> tectes, peintres, etc., etc.

36. EUROPE illustre (L'), contenant l'histoire abrégée des Souverains, des Princes, des Prélats, des Ministres, des grands
Capitaines, des Magistrats, des Savans, des Artistes et des
Dames célèbres en Europe, dans le xve siècle compris, jusqu'à
présent, par M. DREUX DU RADIER. *A Paris, chez Nyon l'aîné*,
1777, 6 vol. in-4, mar. vert à longs grains, encadr. de fil., et
dent., dos orné, doubl. et gardes de tabis bleu, dent. int., tr.
dor. (*Rel. de la fin du XVIIIe siècle*).

> Bel exemplaire entièrement monté sur onglets.
> Cet ouvrage renferme un frontispice par *Eisen*, gravé par *Sornique*,
> et environ 600 portraits gravés par les soins d'*Odieuvre*.

37. THÉATRE D'HONNEUR (Le) de plusieurs princes anciens
et modernes, avec leurs vies et faicts plus mémorables, et leurs
vrays et naturels portraicts, contenant aussi les vies et faicts
de tous les chanceliers et gardes des sceaux de France, de
plusieurs hommes illustres, etc. *A Paris*, 1618, in-fol. mar. vert,
encadr. de fil., double λ aux angles, dos orné, tr. dor. (*Rel.
anc.*).

> Très bel exemplaire aux armes et au chiffre de Louis **Phélypeaux**, *sei-
> gneur de La Vrillière*.
> Important ouvrage connu sous le nom de CHRONOLOGIE COLLÉE. Il

renferme 20 chapitres différents donnant les portraits gravés des patriarches, faux-dieux, rois, empereurs, etc.; et notamment le XVIIᵉ chapitre intitulé: *Pourtraicts de plusieurs hommes illustres qui ont fleury en France depuis l'an 1500 jusques à présent.* Il contient 144 portraits, par *Th. de Leu,* de tous les personnages célèbres du xviᵉ siècle. Rabelais, Marot, Ronsard, Du Bellay, de Thou, Clouet, etc., etc.

Très rare en cette condition.

38. VITÆ et Res gestæ Pontificum romanorum et S. R. E. cardinalium ab initio nascentis Ecclesiæ, usque ad Urbanum VIII. Pont. Max. auctoribus M. Alphonso CIACONIO Biacensi, Francisco CABRERA Morali et Andrea VICTORELLO Bassanensi. *Romæ, typis Vaticanis,* 1630, 2 vol. in-fol. mar. rouge, fil. et fleurons aux angles, dos orné, tr. dor. (*Rel. anc.*).

Exemplaire aux armes de CAMILLE DE **Neufville de Villeroy,** *abbé d'Ainai et de l'Isle-Barbe.*

PREMIÈRE ÉDITION contenant la chronologie des papes et des cardinaux avec leurs portraits et blasons gravés sur bois.

39. VRAIS pourtraicts (Les) des hommes illustres grecs, latins et payens recueilliz de leurs tables aux livres, médailles antiques et modernes, par André THÉVET. *A Paris, par la veuve Kerver,* 1584, in-fol. réglé, mar. rouge, encad. de fil., fleurons aux angles, dent. int., tr. dor. (*Rel. anc.*).

Nombreux portraits dans le texte, gravés en taille-douce.

---

40. HISTOIRE de l'Inquisition et son origine (par l'abbé Jacques MARSOLLIER. *A Cologne, chez Pierre Marteau,* 1693, pet. in-8, mar. violet jans. tête dor. non rog. (*Hans Asper.*).

41. RELATION de l'Inquisition de Goa (par DELLON). *A Amsterdam, aux depens d'Etienne Roger,* 1719, in-12, mar. rouge, fil., dos orné, dent. int., tr. dor. (*Rel. anc.*).

Bel exemplaire relié par *Derome.*
Le volume renferme 8 planches hors-texte gravées en taille-douce.
Dellon fut attaché au Prince de Conti en qualité de médecin, lorsque ce dernier, en 1685, se rendit en Hongrie.

HISTOIRE DE FRANCE
DES ORIGINES A 1789

42. BIBLIOTHEQUE historique de la France, contenant le catalogue des ouvrages imprimés et manuscrits qui traitent de
l'histoire de ce royaume, ou qui y ont rapport; avec des notes
critiques et historiques par Jacques LELONG. Nouvelle édition
revue, corrigée et considérablement augmentée (par M. Fevret
de Fontette, Barbeau de La Bruyère, L. Th. Hérissant, Ron-
det, etc.). *A Paris, de l'Imp. de J. T. Hérissant*, 1768-1778, 5 vol.
in-fol., veau marb., fil., dos orné, dent. int., tr. rouges. (*Rel.
anc.*).

Bel exemplaire aux **armes royales** : *fer de Louis XV.*

I. — HISTOIRES GÉNÉRALES

43. ABRÉGÉ chronologique de l'histoire de France, par le sieur
de MEZERAY. 8 vol. Tomes I à VI : *A Amsterdam, chez Abr. Wolfgang*, 1673-1674. Tomes VII et VIII : *A Amsterdam, chez
David Mortier*, 1720. — HISTOIRE de France avant Clovis, par le
sieur de MEZERAY. *A Amsterdam, chez Abr. Wolfgang*, 1688, 1 vol.
— MÉMOIRES historiques et critiques sur divers points de l'histoire de France et plusieurs autres sujets curieux, par F. E. de
MEZERAY. *A Amsterdam, chez J. B. Bernard*, 1732, 2 tomes en
1 vol. — Ens. 10 vol. in-12, portraits, mar. vert, large encad. de
fil. et dent., dos orné, doubl. et gardes de tabis rose, dent. int.,
tr. dor. (*Rel. anc.*).

> Superbe exemplaire dans une charmante reliure de *Derome*, de la
> plus grande fraîcheur. L'étiquette de *Derome* est collée sur le feuillet
> de garde du premier volume.
> Jolie édition se joignant à la collection elzévirienne.
> Cet exemplaire a appartenu à Renouard.

44. CHRONIQUE des Rois de France (La), puis Pharamond
iusques au Roy Henry, second du nom, selon la computation
des ans jusques en l'an mil cinq cens cinquante et trois. Le
catalogue des Papes, puis S. Pierre iusques à Jules, tiers
du nom. Catalogue des Empereurs, puis Octavian Cesar iusques
à Charles V du nom (par Jean DU TILLET, évêque de Meaux).

On les vend à Paris, par Galiot du Pré, 1553, pet. in-8, figures sur bois, mar. bleu, les plats ornés de fil. droits et courbes, dent., dos orné, fil. int., tr. dor. (*Ottmann-Duplanil*).

Les armoiries qui se trouvaient frappées sur les **plats** de la reliure ancienne ont été collées à l'intérieur du volume.

45. CHRONIQUES et Annales de France (Les) dès l'origine des françois et leur venue ès Gaules, par Nicolle GILLES jusqu'au Roy Charles huictiesme, et depuis additionnées par Denis SAUVAGE, jusqu'au Roy François second. Reveues, corrigées et augmentées selon la vérité des régistres et pancartes anciennes et suivant la foy des vieux exemplaires contenant l'histoire universelle de France, dès Pharamond jusqu'au Roy Charles IX par F. de BELLEFORESTS. Avec la suite et continuation, jusques au Roy très chrétien de France et de Navarre Louis XIII, plus la Saincteté du Roy Louys dict Clovis, par M. Jean SAVARON. *A Paris, chez Pierre Chevalier*, 1621, in-fol. réglé, mar. rouge, encad. de fil., fleurons aux angles, dos orné, tr. dor. (*Rel. anc. fatiguée*).

Portraits dans le texte gravés en taille-douce.

46. ESTAT et succez des affaires de France (De l'), œuvre contenant les choses plus singulières et plus remarquables, advenues durant les règnes des Rois de France, depuis Pharamond, premier Roy des Francs, Francons, ou Frâçois, jusques au Roy Loys unziesme. Ensemble une sommaire histoire des seigneurs, comtes et ducs d'Anjou, par Bernard de GIRARD, seigneu du Haillan. *A Paris, à l'Olivier de l'Huillier*, 1570, pet. in-8 réglé, vélin blanc à recouv., semis de K sur les plats et le dos, tr. dor. (*Rel. du XVIe siècle*).

PREMIÈRE ÉDITION.
Ouvrage intéressant et rare. — Curieuse reliure du xvie siècle. — Le volume est en partie détaché de la reliure.

47. FIGURES de l'histoire de France, dessinées par M. MOREAU le jeune et gravées sous sa direction, avec le discours de Mon-

sieur l'abbé Garnier. *A Paris, chez Moreau le jeune,* 1785-1790, 2 vol. in-4, veau racine, fil., pet. dent., dos orné, dent. int., tr. dor. (*Rel. anc.*).

Bel exemplaire.

Recueil d'un frontispice et de 166 figures à mi-page, gravées par *Couché, Dambrun, Delignon, Delvaux,* etc., et numérotées : 2 à 154. Le texte explicatif est gravé.

48. HISTOIRE chronologique de la grande Chancellerie de France, contenant son origine, l'estat de ses officiers, un recueil exact de leurs noms depuis le commencement de la Monarchie jusques à présent. Ensemble l'établissement et les règlemens des chancelleries près les cours de Parlement, autres cours et sièges présidiaux du Royaume, par Abraham Tessereau. *A Paris, chez Pierre Emery,* 1706-1710, 2 vol. in-fol. mar. rouge, fil., dos orné, dent. int., tr. dor. (*Rel. anc.*).

Exemplaire en grand papier, aux armes de Nicolas Desmaretz, marquis de Maillebois.

49. HISTOIRE de France, depuis Pharamond jusqu'à maintenant (1598). OEuvre enrichie de plusieurs belles et rares antiquitez ; et d'un abrégé de la vie de chaque Reyne, dont il ne s'estoit presque point parlé cy-devant, par F. E. de Mézeray. *A Paris, chez Mathieu Guillemot,* 1643-1651, 3 vol. in-fol. mar. rouge, fil., dos orné, dent. int., tr. dor. (*Rel. anc.*).

Édition originale.

Bel exemplaire contenant toutes les particularités indiquées par Brunet dans son *Manuel du libraire,* tome III, col. 1693.

50. HISTOIRE de France, composée par M. Chalons, prestre de l'Oratoire. *A Paris, chez P. J. Mariette,* 1741, 3 vol. in-12, mar. rouge, fil., chiffre au dos, dent. int., tr. dor. (*Rel. anc.*).

Exemplaire aux armes et au chiffre de Louis XV. Il provient de la bibliothèque de *Choisy-le-Roy.*

51. HISTOIRE de France, depuis l'établissement de la monarchie françoise dans les Gaules, par le Père G. Daniel. Nouvelle

édition augmentée de notes, de dissertations critiques et historiques, de l'histoire du règne de Louis XIII et d'un journal de
celui de Louis XIV (par le P. Griffet). *A Paris, chez les libraires
associés*, 1755-1757, 17 vol. in-4, frontispice et figures, mar.
rouge, fil., dos orné, dent. int., tr. dor. (*Rel. anc.*).

Bel exemplaire en GRAND PAPIER.

52. HISTOIRE de France, depuis l'établissement de la monarchie jusqu'à Louis XIV, par l'abbé VELLY, VILLARET et GARNIER.
A Paris, chez Saillant et Nyon, 1770-1786, 23 vol. in-4, dont 8 de
portraits et planches, mar. rouge, fil., dos orné, dent. int., tr.
dor. (*Rel. anc.*).

Exemplaire aux armes de MARIE-THÉRÈSE **de Savoie, comtesse d'Artois.**
Les nombreux portraits contenus dans les 8 volumes sont gravés
par les soins d'*O.lieuvre* et autres.

53. HISTOIRE de France, représentée par figures accompagnées
de discours, dédiée à Monsieur, frère du Roi. Les figures gravées d'après les plus célèbres artistes par M. DAVID. Le discours par M. l'abbé GUYOT. *A Paris, chez l'auteur*, 1787-1796,
5 vol. in-4, veau marb., encad. de dent., dos orné, dent. int.,
tr. dor. (*Rel. anc.*).

Nombreux portraits et figures par *Le Jeune, David*, etc.

54. HISTOIRE ecclésiastique de la cour de France, où l'on
trouve tout ce qui concerne l'histoire de la Chapelle et des
principaux Officiers ecclésiastiques de nos Rois, par M. l'abbé
OROUX. *A Paris, de l'Imp. royale*, 1776-1777, 2 vol. in-4, mar.
rouge, fil., dos fleurdelisé, dent. int., tr. dor. (*Rel. anc.*).

Bel exemplaire aux armes de **Madame Adélaïde**, *fille de Louis XV.*

55. HISTOIRE générale des Roys de France contenant les choses
mémorables advenues tant au Royaume de France qu'ès provinces estrangères sous la domination des françois, durant
douze cens ans, escrite par Bernard de GIRARD, seigneur du
Haillan et continuée de la chronique de Louys XI des escrits

d'Arnaud Le Ferron et de quelques autres autheurs, jusques à
Louys XIII aujourd'huy régnant. *A Paris, chez Jean Petit-Pas,*
1615, 2 vol. in-fol. mar. vert, encad. de fil., double λ aux
angles, dos orné, tr. dor. (*Rel. anc.*).

> Bel exemplaire aux armes et au chiffre de Louis **Phélypeaux**, seigneur
> de *La Vrillière*.
> L'histoire de Louis XI contenue dans cet ouvrage n'est autre que la
> *Chronique scandaleuse*.

56. INVENTAIRE général de l'histoire de France, depuis Pharamond jusques à présent, illustré par la conférence de l'Eglise
et de l'Empire, par Jean de SERRES. *A Paris, chez Matthieu Guillemot,* 1608, 4 vol. pet. in-8, front. gravés, vélin blanc, fil.,
fleurons aux angles, dos orné, tr. dor.

57. MONUMENS de la monarchie françoise (Les) qui com-
prennent l'histoire de France, avec les figures de chaque règne
que l'injure des tems a épargnées, par le R. P. Dom Bernard de
MONTFAUCON. *A Paris, chez Julien-Michel Gaudouin,* 1729-1733,
5 vol. in-fol. mar. vert, fil., dos orné, dent. int., tr. dor. (*Rel.
anc.*).

> Exemplaire aux armes de **Madame Victoire**, *fille de Louis XV*. Son ex-
> libris est à l'intérieur des volumes.
> Cet ouvrage, l'un des plus importants pour l'histoire de France, est
> orné de 306 planches gravées en taille-douce.

58. NOUVEL abrégé chronologique de l'histoire de France, contenant les événemens de notre histoire depuis Clovis jusqu'à la
mort de Louis XIV, les guerres, les batailles, les sièges, etc.
Seconde édition revue, corrigée, augmentée, et ornée de vignettes et fleurons en taille-douce (par le Président HÉNAULT).
A Paris, de l'Imp. de Prault père, 1746, in-12 tiré in-8, mar. rouge,
fil., dent. fleurdelisée, dos fleurdelisé, doubl. et gardes de
tabis bleu, dent. int., tr. dor. (*Rel. anc.*).

> Exemplaire en GRAND PAPIER aux armes de **Louis XV**. Il provient de la
> bibliothèque de *Choisy-le-Roy*.
> Cette édition est ornée de 16 vignettes et culs-de-lampe de *Cochin*,
> gravés par *Chédel, Sornique, Soubeyran*, etc.

59. **NOUVEL ABRÉGÉ CHRONOLOGIQUE DE L'HISTOIRE DE FRANCE**, contenant les événemens de notre histoire depuis Clovis jusqu'à la mort de Louis XIV, les guerres, les batailles, les sièges, etc. Quatrième édition faite sur la troisième, et ornée de vignettes et fleurons en taille douce (par le Président HÉNAULT). *A Paris, chez Prault*, 1752, un tome en 2 vol. in-4, réglés, mar. rouge, large dent. à petits fers avec semis de fleurs de lis, dos fleurdelisé, doubl. et gardes de tabis bleu, dent. int., tr. dor. (*Rel. anc.*).

Magnifique exemplaire en GRAND PAPIER dans une riche reliure aux armes de **Louis XV**.

On a ajouté à cet exemplaire 240 portraits tirés par les soins d'*Odieuvre*, *Desrochers*, etc., dans des cadres ornés; et 2 planches de *Bouttats* : le Massacre de la Saint-Barthélemy et l'Assassinat de Henri IV.

60. NOUVEL abrégé chronologique de l'histoire de France, contenant les événemens de notre histoire depuis Clovis jusqu'à Louis XIV, les guerres, les batailles, les sièges, etc. (par le Président HÉNAULT). *A Paris, chez Prault*, 1756, 2 vol. pet. in-8, mar. rouge, fil., dos orné, dent. int., tr. dor. (*Rel. anc.*).

Exemplaire aux armes de CHARLES, **marquis de Villette**; elles sont frappées au dos de la reliure.

61. RECHERCHES de la France (Les) d'Estienne PASQUIER, reveues, corrigées, mises en meilleur ordre et augmentées en cette dernière édition de trois livres entiers, outre plusieurs chapitres entrelassez en chacun des autres livres, tirez de la bibliothèque de l'autheur. *A Paris, chez Louis Billaine*, 1665, in-fol. portrait, mar. rouge, fil., chiffre au dos, dent. int., tr. dor. (*Rel. anc.*).

Exemplaire aux armes et au chiffre de JEAN-BAPTISTE **Colbert, marquis de Seignelay**.

Edition en neuf livres. On trouve à la fin : *Pour-parler du Prince Pour-parler de la Loi, Pour-parler d'Alexandre*.

62. TRAICTEZ concernant le conseil, les chancelleries et le

finances. Manuscrit de 261 ff., in-fol. mar. rouge, fil., chiffre au dos, dent. int., tr. dor. (*Rel. anc.*).

> Manuscrit d'une bonne écriture du xvii⁰ siècle.
> Aux armes et au chiffre de Jean **Desmaretz**, *intendant des finances.*
> Ce manuscrit, exécuté pour Jean Desmaretz, est composé de quatre traités principaux contenant l'instruction de tout ce qui regarde le Conseil et le sceau, les fonctions des officiers qui le composent, les matières qui s'y traitent et les expéditions qui s'y font.

63. TRAITÉ historique des monnoyes de France, depuis le commencement de la monarchie jusques à présent. Ouvrage rempli de plus de cent planches, par M. Le Blanc. *A Paris, chez Pierre Ribou*, 1703. — Dissertation historique sur quelques monnoyes de Charlemagne, de Louis le Débonnaire, de Lothaire et de leurs successeurs, frapées (sic) dans Rome. *A Paris, chez J. B. Coignard*, 1689. — Ens. 1 vol. in-4, mar. rouge, fil., dos orné, dent. int., tr. dor. (*Rel. anc.*).

> Ouvrages estimés, ornés de nombreuses figures de médailles gravées en taille-douce ; on les trouve rarement réunis, surtout avec les tables des prix du marc d'or et d'argent, et la table des matières.

---

64. GALANTERIES des rois de France depuis le commencement de la monarchie (jusqu'à Louis XIV). Nouvelle édition enrichie de figures en taille douce de B. Picart. Par M. Henri Sauval. *Suivant la copie imprimée à Paris, chez Charles Moette*, 1738, 2 vol. in 12, mar. rouge, fil., dos orné, dent. int., tr. dor. (*Rel. anc.*).

> 2 frontispices et 5 figures par *Bernard Picart.*
> Bel exemplaire dans une reliure très fraîche.

II. — HISTOIRES PARTICULIÈRES

ORIGINES
ROIS DES 1ᵉ ET 2ᵉ RACES (427-987)

65. HISTOIRE de France avant Clovis (par Laureau). *A Paris,
chez Nyon,* 1789, in-4, frontispice et planches de médailles, mar.
rouge, fil., dos orné, dent. int., tr. dor. (*Rel. anc.*).

Exemplaire aux armes de Marie-Joséphine-Louise de Savoie, comtesse
de Provence.

66. HISTOIRE des Gaules et conquêtes des Gaulois en Italie,
Grèce et Asie, avec un abbrégé de tout ce qui est arrivé de plus
remarquable esdites Gaules dès le temps que les Romains com-
mencèrent à les assujettir à leur Empire jusques au Roy Jean,
par messire Antoine de Lestang. *A Bourdeaus, par Simon Mil-
langes,* 1618, in-4, mar. rouge, encad. de fil., fleurs de lis aux
angles et au dos, dent. int., tr. dor. (*Rel. anc.*).

Exemplaire aux armes de Anne-Marie-Louise d'Orléans, Duchesse de
Montpensier, connue sous le nom de La Grande Mademoiselle.
Ouvrage curieux et rare, concernant surtout le midi de la France.
Portrait de l'auteur gravé par *Léonard Gaultier.*

67. RECUEIL de divers écrits pour servir d'éclaircissemens à
l'histoire de France et de supplément à la notice des Gaules, par

M. l'abbé LEBEUF. *A Paris, chez Jacques Barois*, 1738, 2 vol.
in-12, veau marb., dos orné, dent. int., tr. rouges. (*Rel. anc.*).

Exemplaire aux armes de CLAUDE-ANTOINE-CLÉRADIUS de Choiseul,
marquis de Beaupré. L'ouvrage est orné de cartes et planches gravées
en taille-douce.

---

68. GREGORII Turonici historiae Francorum libri decem. In
quibus non solum Francorum res gestae, sed etiam Martyrum
cum infidelibus bella, et Ecclesiae cum haereticis concertationes
exponnuntur. Adonis Viennensis chronica. *Parisiis apud Guil.
Morelium*, 1561, pet. in-8, mar. fauve, fil., tr. dor. (*Rel. anc.*).

Reliure du XVIe siècle aux armes de CHARLES III de Bourbon, *archevêque
de Rouen*, dit Le cardinal de Bourbon. Ces armes sont frappées sur le dos
de la reliure ; au bas du dos se trouve un lis épanoui accompagné de la
devise : *Superat candore et odore*.

69. HISTOIRE de France contenant le règne des Rois des deux
premières races, par M. Louis LE GENDRE. *A Paris, chez Jean et
Michel Guignard*, 1700, 3 vol. pet. in-8, mar. rouge, fil., fleurons
aux angles, dos orné, .dent. int., tr.dor. (*Rel. anc.*).

Exemplaire en GRAND PAPIER aux armes de MICHEL de Chamillart,
ministre et grand trésorier des ordres du Roi.
Tache au premier plat de la reliure du troisième volume.

70. QUEL fut l'état des personnes en France, sous la première
et la seconde race de nos Rois? par M. l'abbé DE GOURCY. *A
Paris, chez Desaint*, 1769, in-12, veau fauve, fil., dos orné, dent.
int., tr. dor. (*Rel. anc.*).

Exemplaire aux armes de ETIENNE-FRANÇOIS de Stainville, Duc de Choiseul.

71. VIE du Roy et Empereur Charlemaigne (La), composée jadis
en langage latin par EGINHART, son chancelier, et maintenant
trãslatée en françois par Helies Vinet. *On les vend à Poictiers*

(*Jehan et Enguilbert de Marnef frères*), 1546, petit in-8, veau fauve,
fil., pet. dent. à froid, dent. int., tr. dor.

Première édition. Rare.

ROIS DE LA 3ᵉ RACE : CAPÉTIENS (987-1528)

72. HÉRITIÈRE de Guyenne (L') ou histoire d'Éléonor, fille de
Guillaume, dernier duc de Guyenne, femme de Louis VII, roy
de France, et ensuite de Henri II, roy d'Angleterre (par Isaac
de LARREY). *A Rotterdam, chez Reinier Leers*, 1691, in-8, mar-
vert, fil., doubl. de mar. rouge, dos orné, dent. int., tr dor,
(*Rel. anc.*).

Reliure doublée de *Boyet* en parfait état de conservation. Au milieu
des plats, un écusson portant la date : *Aoust* 1695.

73. HISTOIRE de l'exécution de Cabrières et de Mérindol, et
d'autres lieux de Provence, particulièrement déduite dans le
plaidoyé qu'en fit l'an 1551, par le commandement du Roy
Henry II et comme son advocat générale en cette cause,
Jacques AUBERY. Ensemble une relation particulière de ce qui
se passa aux cinquante audiences de la cause de Mérindol.
A Paris, chez Sébastien Cramoisy, 1645, in-4, veau fauve, chiffre
au dos, tr. rouges (*Rel. anc.*).

Exemplaire aux armes de GASPARDE **de La Chastre,** 2ᵉ *femme de* JACQUES-
AUGUSTE **de Thou.**
Livre rare publié par *Louis Aubéry*, descendant de *Jacques Aubéry*.

74. HISTOIRE des Albigeois : touchant leur doctrine et religion,
contre les faux bruits qui ont esté semés d'eux, et les écrits
dont on les a à tort diffamés; et de la cruelle et lõgue guerre

qui leur a esté faite, pour ravir les terres et seigneuries d'autrui, sous couleur de vouloir extirper l'hérésie. Le tout recueilli fidèlement de deux vieux exemplaires écris à la main, l'un au langage du Languedoc, l'autre en vieil françois, réduite en quatre livres, par Jean CHASSANION, de Monistrol en Vellai. *A Genève, chez Pierre de Sainctandré*, 1595, pet. in-8, vélin blanc tr. dor.

75. HISTOIRE des Albigeois et gestes de Simon de Mont-Fort. Descrite par F. Pierre des VALLÉES SERNAY et rendue de latin en françois, par M. Arnaud Sorbin, P. de Montech. *A Paris, chez Guil. Chaudière* 1569, pet. in-8 réglé, veau brun, fil., médaillon de feuillages au milieu, dos orné, tr. dor. (*Rel. du XVIe siècle*).

On a relié avec cet exemplaire : LE MIROIR politique contenant diverses manières de gouverner... par M. Guillaume de LA PERRIÈRE, tholosain. *Paris*. 1567, figures sur bois.— DIALOGUE des graces et excellences de l'homme..... traduit de l'italien de Alp. Ulloa, par Hiérosme d'AVOST, de Laval. *Paris*, 1583.

76. HISTOIRE des démélez du Pape Boniface VIII avec Philippe le Bel, Roi de France, par feu Adrien BAILLET. Seconde édition revue et corrigée. *A Paris, chez François Barois*, 1718, in-12, mar. rouge, fil., dos orné, dent. int., tr. dor. (*Rel. anc.*).

77. HISTOIRE des ministres d'Estat qui ont servi sous les Roys de France de la troisiesme lignée, avec le sommaire des règnes ausquels ils ont vescu (par Charles de COMBAULD, baron d'Auteuil). *A Paris. chez Augustin Courbé*, 1642, in-fol. mar. rouge, pet. dent., dos orné, tr. jasp. (*Rel. anc.*).

PREMIÈRE ÉDITION.
Exemplaire aux armes de FRANÇOIS de Rignac, *procureur général à Montpellier.*
Tache sur le premier plat de la reliure.

78. HISTOIRE des Vaudois, divisée en trois parties, la première est de leur origine, pure croyance et persécutions qu'ils ont souffert pour toute l'Europe ; la seconde contient l'histoire des

Vaudois appelés Albigeois....... Le tout fidèlement recueilli
des autheurs nommés ès pages suivantes, par Jean Paul PERRIN,
lionnois. *A Genève, pour Mathieu Berjon*, 1618, pet. in-8, mar.
La Vall. jans., dent. int., tête dor., non rog. (*Hans Asper*.).

79. LOUIS IX. Histoire de S. Loys IX du nom, roy de France, par
messire Jean, sire de JONVILLE, nouvellement mise en lumière,
suivant l'original ancien de l'autheur, avec diverses pièces du
mesme temps non encore imprimées, et quelques observations
historiques, par M° Claude MÉNARD. *A Paris, en la boutique de
Nivelle, chez Sébastien Cramoisy*, 1617, in-4, mar. rouge, fil.,
chiffre et fleurs de lis au dos, dent. int., tr. dor. (*Rel. anc.*).

> Exemplaire aux armes et au chiffre de **Louis XIV**.
> Le volume est orné de deux beaux portraits de Saint Louis et de
> Louis XIII par *Léonard Gaultier*.

80. — Histoire et chronique (L') du tréschrestien roy S. Loys,
IX du nom, et XLIIII roy de France. Escripte par feu messire
Jehan, Sire Seigneur de JONVILLE. Et maintenant mise en
lumière par Anthoine Pierre de RIEUX. *On les vend à Poictiers
(Imp. par Jehan et Enguilbert de Marnef)*, 1547, pet. in-4 de 8 ff.
prélim. non chiff., 218 ff. chiff. et 6 ff. non chiff. de table,
mar. La Vall., les plats ornés de fil. droits et courbes avec
ornements de feuillages et fleurs de lis, armoiries royales au
milieu, dos orné, dent. int. tr. dor. (*Duru*).

> Bel exemplaire de la PREMIÈRE ÉDITION.
> Riche reliure de *Duru*.

81. — Vie de Saint Louis (La) par M. l'abbé de CHOISY. *A Paris,
chez Claude Barbin*, 1689, in-4, vignettes en tête, mar. rouge.,
croix de Lorraine aux angles et au dos, dent. int., tr. dor.
(*Rel. anc.*).

> Exemplaire en GRAND PAPIER.

82. — Vie de Saint Louis (La) par M. l'abbé de CHOISY. *A Paris*,

chez Ant. Dezallier, 1690, in-4, vignettes en tête, mar. vert, fil., dos orné, dent. int., tr. dor. (*Rel. anc.*).

Exemplaire aux armes de **Madame Victoire**, *fille de Louis XV*. Reliure un peu passée.

---

83. HISTOIRE ou chronique (L') du Seigneur Geoffroy de Ville-Harduin, mareschal de Champaigne et de Romanie, représentée de mot à mot en ancienne langue françoise d'un vieil exemplaire escrit à la main, qui se trouve dans les anciens archives de la sérénissime république de Venise ; contenant la conqueste de l'Empire de Constantinople faicte par des barons françois, confédérez et unis avec les seigneurs Vénitiens l'an 1204....... De nouveau mise en françois. *A Lyon, par les héritiers de Guillaume Rouille*, 1601, in-fol. vélin, encad. de fil. et dent., les plats couverts de fil. quadrillés avec semis de fleurs de lis, dos fleurdelisé, tr. dor.

Édition rare, ornée d'un titre dans un encadrement gravé sur bois et de trois planches gravées en taille-douce.

Cette édition est préférable, pour le texte, à celle de Vigenère.

VALOIS : PHILIPPE VI A LOUIS XII
(1328-1515)

84. PHILIPPE VI. Histoires de Philippe de Valois et du roi Jean (par l'abbé de Choisy). *A Paris, chez Claude Barbin*, 1688, in-4, vignettes en tête, mar. rouge, fil., dos orné, dent. int., tr. dor. (*Rel. anc.*).

Exemplaire en GRAND PAPIER aux armes de CHARLOTTE de Bavière. Duchesse d'Orléans, *mère du Régent*.

85. — Histoires de Philippe de Valois et du roi Jean, par l'abbé
de Choisy. *A Paris, chez Antoine Dezallier,* 1690, in-4, vignettes
en tête, mar. rouge, croix de Lorraine aux angles et au dos.
dent. int., tr. dor. (*Rel. anc.*).

Exemplaire en GRAND PAPIER.

86. CHARLES V. Histoire de Charles cinquième, roi de France,
par M. l'abbé de Choisy. *A Paris, chez Antoine Dezallier,* 1689,
in-4, figures, mar. rouge, croix de Lorraine aux angles et au
dos, dent. int., tr. dor. (*Rel. anc.*).

Exemplaire en GRAND PAPIER.

87. CHARLES VI. Histoire de Charles VI, Roy de France, escrite
par les ordres et sur les mémoires et les avis de Guy de Mon-
ceaux et de Philippe de Villette, abbez de Sainct Denys, par
un autheur contemporain, religieux de leur abbaye. Contenant
tous les secrets de l'Estat, et du schisme de l'Eglise, avec les
intérests et le caractère des princes de la chrestienté, des
Papes, des Cardinaux et des principaux seigneurs de France,
Traduite sur le manuscrit latin tiré de la bibliothèque de M. le
Président de Thou, par Mre J. Le Laboureur. *A Paris, chez
Louis Billaine,* 1663, 2 vol. in-fol. mar. rouge, armoiries royales
sur les plats, dent. int., tr. dor. (*Amand*).

88. — Histoire de Charles VI, roi de France, par M. l'abbé de
Choisy. *A Paris, chez J. B. Coignard,* 1695, in-4, vignettes en
tête, mar. rouge, fil., dos fleurdelisé, dent. int., tr. dor. (*Rel.
anc.*).

Exemplaire en GRAND PAPIER aux armes de **Louis, Dauphin,** *père de
Louis XVI.*

89. — Histoire de Charles VI, roi de France, par M. l'abbé de
Choisy. *A Paris, chez J. B. Coignard,* 1695, in-4, vignettes en
tête, mar. rouge, croix de Lorraine aux angles et au dos, dent.
int., tr. dor. (*Rel. anc.*).

Exemplaire en GRAND PAPIER.

90. CHARLES VII. Histoire de Charles VII (par Baudot de
.Juilly). *A Paris, chez Didot*, 1754, 2 vol. in-12, veau marb, fil.,
dos orné, tr. rouges (*Rel. anc.*).

Exemplaire aux armes de Henriette de Béthizy de Mézières, Princesse
de Ligne. Cet ouvrage a aussi été attribué à *Mlle Marguerite de Lussan*.

91. LOUIS XI. Histoire de Louis onze par Monsieur Varillas.
A Paris, chez Claude Barbin, 1689, 2 vol. in-4, mar. rouge, pet.
dent., dos orné, dent, int., tr. dor. (*Rel. anc.*).

Bel exemplaire aux armes de Charles-Louis-Auguste, marquis de La
Vieuville.

92. CHARLES VIII. Histoire de Charles VIII, roy de France,
par Guillaume de Jaligny, André de La Vigne, et autres historiens de ce temps-là; où sont décrites les choses les plus mémorables arrivées pendant ce règne, depuis 1483 jusques en 1498,
enrichie de plusieurs mémoires, observations, contrats de mariage, traitez de paix, et autres titres et pièces historiques non
encore imprimées. Le tout recueilli par feu monsieur Godefroy.
A. Paris, de l'Imp. royale, 1684, un tome en 2 vol. in-fol. veau
marb. fil., dos orné, dent. int., tr. dor. (*Rel. anc.*).

Exemplaire aux armes de Madame de Pompadour.
Ouvrage estimé.

------

93. CHRONIQUES (volume premier) [second et troisième] d'En-
guerran de Monstrelet, contenans les cruelles guerres civilles
entre les maisons d'Orléans et de Bourgongne, l'occupation
de Paris et Normandie par les Anglois, l'expulsion d'iceux, et
autres choses mémorables advenues de son temps en ce
royaume et pays estranges. Histoire commençant en l'an 1400
et finissant en l'an 1467. Reveue et corrigée, et enrichie d'ab-
brégez pour l'introduction d'icelle, et de tables fort copieuses.
A Paris, chez Guillaume Chaudière, 1572, 3 tomes en 2 vol. in-fol.
réglés, vélin blanc, fil., milieu et angles dorés, dos orné, tr.
dor. (*Rel. anc.*).

Édition publiée par Denis Sauvage. Bel exemplaire en grand papier,
dans une excellente reliure du xvie siècle.

94. ESTATS de Tours du règne du Roy Charles huictième, aagé de 13 ans, l'an 1483. Manuscrit in-fol., mar. rouge, comp. de fil., fleurs de lis aux angles et au dos, tr. dor. (*Rel. anc.*).

Aux armes d'AUGUSTIN **Dugué de Bagnols**, *conseiller d'État.*
Copie manuscrite en latin d'une belle écriture du xviii⁰ siècle.
Ex-libris de l'*abbé de Rothelin* à l'intérieur du volume.

95. HISTOIRE de la vie, faicts héroïques et voyages, de très-valleureux prince Louys, III⁰ Duc de Bourbon, arrière fils de Robert, comte de Clermont en Beauvoisis, baron de Bourbon, fils de Sainct Louys, en laquelle est comprins le discours des guerres des françois contre les anglois, flamans, affricains et autres nations, sous la conduicte dudict Duc, imprimé sur le mss. trouvé en la bibliothèque de feu M. Papirius Masson. *A Paris, de l'Imp. de François Huey*, 1612, pet. in-8, mar. rouge, fil., chiffre au dos, tr. dor. (*Rel. anc.*).

Bel exemplaire aux armes de GASPARDE **de La Chastre**, 2⁰ *femme de* JACQUES AUGUSTE **de Thou**.

96. HISTOIRE des comtes de Provence, enrichie de plusieurs de leurs portraits, de leurs sceaux et des monnoyes de leur temps, qui n'avoient pas encore veu le jour, par M. Antoine de RUFFI. *A Aix, chez Jean Roize*, 1655, in-fol. veau jasp., dos orné, tr. marb. (*Rel. anc.*).

Exemplaire aux armes de JEAN-JACQUES **Nouet,** *conseiller au Parlement de Paris.*
Ouvrage rare, orné de planches et portraits gravés en taille-douce.

97. HISTOIRE et chronique mémorable de messire Jehan FROISSART. Reveu et corrigé sur divers exemplaires, et suivant les bons auteurs, par Denis Sauvage de Fontenailles en Brie. *A Paris, chez Michel Sonnius*, 1574, 4 tomes en 1 vol. in-fol. mar. souple, fil., dos fleurdelisé, tr. dor. (*Rel. anc.*).

Excellente édition.

98. MÉMOIRES de messire Ph. de Commines, chevalier seigneur d'Argenton, sur les principaux faicts et gestes de Louys XI et de Charles VIII, son fils, rois de France. *A Paris, de l'Imp. de*

Pierre Le Mur, 1615. — HISTOIRE de Louys XI, roy de France, et des choses mémorables advenues en l'Europe durant vingt et deux années de son règne (par Pierre Mathieu). *A Paris, chez P. Mettayer*, 1610, front. gravé. — Ens. 1 vol. in-fol. mar. rouge, encad. de fil., fleurs de lis aux angles, chiffre au dos, tr. dor. (*Rel. anc.*).

Exemplaire aux armes et au chiffre de **Louis XIII**.

99. MÉMOIRES de messire Philippe de Comines, seigneur d'Argenton, où l'on trouve l'histoire des rois de France, Louis XI et Charles VIII. Nouvelle édition, revue sur plusieurs manuscrits du tems, enrichie de notes et de figures....: par messieurs Godefroy, augmentée par M. l'abbé Lenglet du Fresnoy. *A Londres et se trouve à Paris, chez Rollin*, 1747, 4 vol. in-4, veau marb., fil., dos orné, dent. int., tr. dor. (*Rel. anc.*).

Exemplaire en grand papier aux armes de **Louis-Marie-Augustin, duc d'Aumont**.

Cet exemplaire contient le portrait et la dédicace au *maréchal de Saxe* qui furent supprimés dans la plupart des exemplaires et la série des portraits d'*Odieuvre*.

La dédicace est courte de marges.

100. MÉMOIRES pour servir à l'histoire de France et de Bourgogne, contenant un journal de Paris sous les règnes de Charles VI et de Charles VII, l'histoire du meurtre de Jean Sans Peur, duc de Bourgogne, avec les preuves. *A Paris, chez Julien-Michel Gandouin*, 1729, in-4, mar. rouge, fil., chiffre au dos, dent. int., tr. dor. (*Rel. anc.*).

Exemplaire aux **armes royales** : *fer de Louis XIV*.

Ces mémoires ont été recueillis par *dom Des Salles*, bénédictin, et mis au jour par *L. F. J. de La Barre*, auteur de la préface.

101. **TRÈVE CONCLUE A TOURS**, le 28 mai 1444, entre Charles VII, roi de France, et Henri VI, roi d'Angleterre, portant suspension des hostilités entre les deux pays. Grande pièce manuscrite sur parchemin, mesurant 0,60 sur 0,72.

Pièce historique originale de tout premier ordre, rédigée en français, revêtue des signatures autographes et des sceaux en cire rouge de :

Charles, duc d'Orléans; *Loys de Bourbon*; *Pierre de Bressé*; *Bertran de Beauvan*; agissant pour le Roi de France.

On sait que cette trève fut conclue à l'occasion du mariage de *Henri VI d'Angleterre* avec *Marguerite d'Anjou*. Les fiançailles furent célébrées, le 24 mai 1444, dans l'Église Saint-Martin de Tours. Cette pièce est dans un état parfait de conservation.

FRANÇOIS I ET HENRI II (1515-1559)

102. FRANÇOIS Ier. Francisci Valesii Gallorum regis fata. Ubi rem omnem celebriorem à Gallis gestam nosces, ab anno Christi 1513, usque ad annum ineuntem 1539. Stephano DOLETO Gallo Aurelio autore. *Lugduni*, anno 1539, in-4 de 79 pp. chiff. veau jasp.

ÉDITION ORIGINALE EN LATIN. Rare.

Texte imprimé en caractères italiques. Au verso du dernier feuillet se trouve l'emblème de *Dolet*.

103. — Gestes de Françoys de Valois (Les) roy de France. Dedans lequel œuvre on peult congnoistre tout ce qui a esté faict par les Françoys depuis l'an 1513 iusques en l'an 1539. Premièrement composé en latin par Estienne DOLET et après par luy mesme translaté en langue françoyse. *A Lyon, chez Estienne Dolet*, 1540, in-4, mar. La Vall., dent. int., tr. dor. (*Hardy-Mennil*).

ÉDITION ORIGINALE EN FRANÇAIS.

104. — Gestes de Françoys de Valois (Les) Roy de France. Dedans lequel œuvre ou peult congnoistre tout ce qui a esté faict par les François depuis l'an mil cinq cents treize, jusques en l'an mil cinq cents quarante et troys. Premièrement composé

en latin par Estienne DOLET, et après par lui mesme translaté
en langue françoise. *A Lyon, chés Estienne Dolet*, 1543, pet. in-8
de 94 ff. chiff. et un feuillet au verso duquel se trouve l'emblème
de Dolet, mar. rouge, fil., dos orné, dent. int., tr. dor. (*Rel. du
XVIIIe siècle*).

Bel exemplaire dans une reliure très fraîche.
Édition estimée.

105. — Histoire de François premier, roi de France, dit le Grand
Roi et le Père des lettres, par M. GAILLARD, Seconde édition
revue, corrigée et augmentée. *A Paris, chez Saillant et Nyon*, 1769,
8 vol. in-12, mar. rouge, fil., dos orné, dent. int., tr. dor.
(*Rel. anc.*).

Exemplaire aux armes de MARIE-THÉRÈSE de Savoie, comtesse d'Artois.

106. HENRI II. Histoire de Henry-second, par Monsieur VARILLAS,
A Paris, chez Claude Barbin, 1692, 3 vol. in-12, veau fauve, fil.,
pièces d'armoiries au dos, dent. int., tr. dor. (*Rel. anc.*).

Exemplaire aux armes de ANNE-LÉON, 1er *du nom*, baron de Montmorency, *duc et pair de France*.

107. — Histoire et règne de Henri II, roi de France, par M. l'abbé
LAMBERT. *A Paris, chez Cl. J. B. Bauche*, 1755, 2 vol. in-12, mar.
rouge, fil., pièces d'armoiries aux angles et au dos, dent. int.,
tr. dor. (*Rel. anc.*).

Exemplaire aux armes de GASPARD-PONTUS, marquis de Thiard.

---

108. HISTOIRE des contes de Rhodès. Manuscrit in-fol. mar.
rouge, pet. dent., armoiries au dos, tr. marb. (*Rel. anc.*).

Important manuscrit du XVIIe siècle, aux armes de FRANÇOIS de Rignac,
procureur général, à Montpellier.

C'est une histoire complète des *comtes de Rodez*, avant et depuis leur
réunion aux *comtés d'Armagnac* (1096 à 1555).

109. HISTOIRE politique des grandes querelles entre l'Empereur Charles V, et François Ier, roi de France, avec une intro-

duction contenant l'état de la milice et la description de l'art de
la guerre, avant et sous le règne de ces deux monarques, par
M. de G. (GOEZMANN). *A Paris, au Jardin du Palais-Royal*, 1777,
2 vol. in-8, mar. rouge, fil., fleurons aux angles, dos orné, dent.
int., tr. dor. (*Rel. anc.*).

Ouvrage orné de 5 portraits gravés par *Malbeste.*

110. MÉMOIRES de Mess. Martin DU BELLAY (Les), seigneur de
Langey, contenans le discours de plusieurs choses advenues au
royaume de France depuis l'an 1513 jusques au trespas du Roy
François premier, ausquels l'autheur a inséré trois livres et
quelques fragmens des Ogdoades de Mess. Guillaume Du Bellay, seigneur de Langey, son frère. Œuvre mis nouvellement
en lumière par Mess. René Du Bellay, baron de La Lande. *A
Paris, chez Gervais Malot*, 1582, in-fol réglé, mar. rouge, fil.,
dos orné, dent. int., tr. dor. (*Rel. du XVIIe siècle*).

111. TRAICTEZ des Roys de France avec les Papes, avec les
ducz de Ferrare, avec les Républiques de Florence, de Siene,
de Luques et avec les ducz de Milan. Ensemble les investitures
dudict Duché et trois traictez avec les ducz de Mantoue et
Parme et le seigneur de Bretillan. Manuscrit in-fol. veau fauve,
dos orné, tr. rouges. (*Rel. anc.*)

Aux armes de HENRI-AUGUSTE **de Loménie de Brienne.**
Copie manuscrite d'une bonne écriture du xviie siècle.

112. TRAITEZ concernant l'histoire de France, scavoir la
condamnation des Templiers, avec quelques actes : l'histoire
du schisme, les Papes tenans le siège en Avignon : et quelques
procez criminels, composez par Monsieur DUPUY. *A Paris, par la
veuve Mathurin du Puis*, 1654, in-4, portrait, mar. rouge, fil., dos
orné, dent. int., tr. dor.

PREMIÈRE ÉDITION de ce recueil publié par *Jacques Du Puy.*
Il contient : *La Condamnation des Templiers* (1307-1312), *L'histoire du
schisme* (1378-1428), *Les procès criminels* (1458-1549).

FRANÇOIS II A HENRI III (1559-1589)

113. CABINET du roy de France (Le) dans lequel il y a trois
perles précieuses d'inestimable valeur, par le moyen desquelles
Sa Majesté s'en va le premier monarque du Monde, et ses sujets
du tout soulagez. S. l., 1581, pet. in-8, mar. rouge, fil., dos à la
grotesque, dent. int., tr. dor. (*Rel. anc.*).

> Livre rare attribué à *Nicolas Froumenteau*.
>
> Cet ouvrage est une des plus violentes satyres qui aient paru.
> L'auteur, qui était huguenot, outre les choses au point qu'il n'est plus
> croyable; il attaque partout le célibat, et son livre n'est qu'un précis
> du plus pur calvinisme.

114. COMMENTAIRES de l'estat de la religion et république
soubs les rois Henry et François seconds, et Charles neufiesme
(par P. de LA PLACE et de NULLY) S. l., 1565, pet. in-8, mar. bleu,
encad. de fil. à froid, milieu et dos ornés, fleurons aux angles,
dent. int., tr. dor. (*Asper frères*).

> Ouvragé commencé par *Pierre de La Place*, président de la Cour des
> Monnaies de Paris, tué à la Saint-Barthélemy ; continué par le prési-
> dent *de Nully*, fameux ligueur.
>
> Cette histoire commence en 1556 et finit en 1561 avec le Colloque de
> Poissy.
>
> On y trouve beaucoup de faits curieux, des pièces entières, des
> harangues, etc., pour ce qui concerne les États d'Orléans et le Colloque
> de Poissy. L'auteur narre avec assez de modération et de vérité.

115. CONDUITE de Dom Jean de La Barrière (La), premier abbé
et instituteur des Feuillens durant les troubles de la Ligue et
son attachement au service de Henry III, par un religieux
Feuillent (Jean Baptiste de SAINT-ANNE). *A Paris, chez François*

H. Muguet, 1699, in-12, mar. rouge, comp. de fil. à la Du Seuil, dos orné, dent. int., tr. dor. (*Rel. anc.*).

L'auteur de ce livre se nommait, dans le monde, *Pradillon.* Son ouvrage contient une critique de ce qu'a écrit sur ce sujet *Jean Le Laboureur* dans les additions aux *Mémoires de Castelnau.*

116. DESCRIPTION de l'isle des hermaphrodites nouvellement découverte, contenant les mœurs, les coutumes et les ordonnances des habitans de cette isle, comme aussi le discours de Jacophile à Limne, avec quelques autres pièces curieuses, pour servir de supplément au Journal de Henri III. *A Cologne, chez les héritiers de Herman Demen,* 1724, in-12, mar. rouge, doubl. de mar. rouge, large dent., tr. dor. (*Rel. anc.*).

Cet ouvrage est une satyre contre le règne et les mignons de Henri III.

L'auteur y peint, avec les couleurs les plus vives, la mollesse du gouvernement de Henri III, les désordres de sa cour et les manières efféminées des mignons, à peine pardonnables à des femmes. Il caractérise tout par les traits de la plus fine et de la plus hardie satyre.

Ce livre est attribué par les uns au *cardinal du Perron*, par les autres à *Artus Thomas.*

Bel exemplaire, avec le *frontispice* qui manque généralement.

Jolie reliure ancienne en maroquin doublé.

117. DISCOURS merveilleux de la vie, actions et déportemens de Catherine de Médicis, royne-mère, déclarant tous les moyens qu'elle a tenus pour usurper le gouvernement du royaume de France et ruiner l'estat d'iceluy. *Selon la copie imprimée à Paris,* 1649, pet. in-8, veau fauve, comp. de fil. dorés et dent. à froid, dos orné, dent. int., tr. marb. (*Héring*).

Satyre attribuée par les uns à *H. Estienne*, par les autres à *Th. de Bèze*, ou à *Jean de Serre.*

118. DISCOURS merveilleux de la vie, actions et déportemens de la Roine Catherine de Médicis, mère de François II, Charles IX, Henri III, rois de France. *A La Haye, chez Adrian*

Vlacq, 1663, pet. in-12, mar. vert, fil. à froid, dent. int., tr. dor. (*Rel. anc.*).

Bel exemplaire de cette jolie édition imprimée à Amsterdam par Louis et Daniel *Elzévier*.

119. ESTATS de Blois soubs le Roy Henri III. Manuscrit in-fol. mar. rouge, comp. de fil., fleurs de lis aux angles et au dos, tr. dor. (*Rel. anc.*).

Aux armes d'Augustin **Dugué de Bagnols**, *conseiller d'État*.
Copie manuscrite d'une belle écriture du xviii⁰ siècle.
Ex-libris de l'*abbé de Rothelin* à l'intérieur du volume.

120. FATALITÉ de S. Cloud (La) près Paris (par le P. Bernard Guyart, Jacobin) S. *l. n. d.* (1674), pet. in-8 de 102 pp., mar. vert., fil., dos orné, dent. int., tr. dor. (*Rel. anc.*).

Cet ouvrage est divisé en 24 articles dans lesquels l'auteur emploie tout son savoir pour prouver que ce n'est pas *Jacques Clément* qui a tué Henri III.

121. FAUX-VISAGE (Le) descouvert du fin renard de France. A tous catholiques unis, et sainctement liguez pour la défence et tuition de l'Eglise apostolique et romaine, contre l'ennemy de Dieu ouvert et couvert. Ensemble quelques anagrâmes et sonnets propres pour la saison du iourd'huy. *A Tolose, par Raymond Colomies*, 1589, très pet. in-8, de 30 pp., mar. rouge, dent. int., tr. dor. (*Thibaron*).

Cette pièce contient l'éloge des Duc et Cardinal de Guise. L'auteur invite tous les ordres à se venger par la mort du Roi qu'il qualifie des noms les plus odieux.
On a relié avec cet exemplaire les pièces suivantes relatives à la mort du Duc et du Cardinal de Guise : Regrets et soupirs lamentables de la France, sur le trespas de Mgr le Duc de Guise, 8 ff. — Oraison funèbre prononcée aux obsèques du cardinal et du duc de Guise (par Muldrac) 1589, 32 pp. — Requeste présentée à Messieurs de la Court de Parlement de Paris, par Madame la Duchesse de Guise 1589, 15 pp. — Advertissement et premières escriptures du procez contre Henry de Valois, troisième de ce nom. *A Tolose*, 1589, 16 pp. — Discours déplorable du meurtre et assassinat traditoirement comis et perpétré en la ville de Blois les estatz tenant, 6 ff.
Recueil curieux de pièces rares.

122. HISTOIRE de France (L') contenant les plus notables occurences et choses mémorables advenues en ce royaume de
France et pays bas de Flandre iusques à présent : soit en paix
soit en guerre, tant pour le faict séculier qu'ecclésiastic ; soubs
le règne des rois très chrestiens Henry et François II, Charles IX
et Henri III à présent régnant. *A Paris, chez Jean Poupy*, 1581,
un tome en 2 vol. in-fol., veau marb., fil., dos orné, dent. int.,
tr. dor. (*Rel. anc.*).

Exemplaire aux armes de **Madame de Pompadour**.

Cette histoire qui commence en 1547 et finit en 1580 est attribuée à
divers auteurs. La Popelinière l'attribue à *Jean Le Frère*, de Laval, et à
Paul-Emile Piguerre, du pays chartrain.

Pour pouvoir relier cette histoire en deux volumes, on a fait calli-
graphier les trois lignes de la page 645 qui se rapportent au 8e livre
compris dans le premier volume.

123. HISTOIRE de France (L') enrichie des plus notables occurences survenues es Provinces de l'Europe et pays voisins, soit
en paix soit en guerre, tant pour le fait séculier que ecclésiastic :
depuis 1550 jusques à ces temps (par Lancelot Voisin, sieur de
La Popelinière). *S. l.* 1582, 3 tomes en 4 vol. pet. in-8, mar.
rouge jans., dent. int., tr. dor. (*Hardy*).

Cet ouvrage est écrit avec une modération et un détail qui permettent
de regarder son auteur comme l'historien le plus digne de foi de tous
ceux du parti huguenot qui nous ont rendu compte de ces guerres
civiles.

124. HISTOIRE de France qui comprend les derniers règnes des
rois de la Maison de Valois, et les premiers de ceux de la
Maison de Bourbon. Manuscrit de 80 ff., in-4, mar. rouge, large
dent., dos orné, dent. int., tr. dor. (*Rel. anc.*).

Manuscrit du xviie siècle écrit en très belle bâtarde. Il est tiré des
mémoires de *Martin du Bellay, Guichardin, Belleforest*, etc. Il s'arrête
en 1575.

125. HISTOIRE de l'Estat de France, tant de la République que
de la Religion, sous le règne de François II (par Régnier, sieur
de La Planche). *S. l.* 1576, in-8 vélin blanc à recouv.

L'auteur, en qualité de huguenot, se croit obligé de fronder la Reine

Mère et les Guise ; il les taxe de tyrannie et accuse ces derniers de viser
à la couronne ; il trouve dans toutes leurs actions quelque chose de
répréhensible et ne cesse de les décrier.

Cette histoire contient des faits inconnus, singuliers et curieux.

126. HISTOIRE ecclésiastique des églises réformées au Royaume
de France, en laquelle est descrite au vray la renaissance et
accroissement d'icelly depuis l'an M. D. XXI. jusques en
l'année M. D. LXIII. *De l'Imp. de Jean Remy à Anvers*, 1580,
3 vol. pet. in-8, mar. bleu jans., dent. int., tr. dor. (*Asper frères*).

Cette histoire violente est attribuée par les uns à *Th. de Bèze*, par les
autres à *Nicolas des Galars*, tous deux ministres de la religion réformée
à Genève.

127. INSTRUCTIONS et lettres des rois très-chrestiens et de
leurs ambassadeurs, et autres actes concernant le Concile de
Trente, pris sur les originaux (publiées par Jacques Gillot).
Quatrième édition reveue et augmentée d'un grand nombre
d'actes et de lettres, tirez des mémoires de M. D. (Dupuy). *A
Paris, chez Sébastien Cramoisy*, 1654, in-4, mar. rouge, fil., dos
orné, dent. int., tr. dor. (*Rel. anc.*).

Exemplaire en grand papier aux armes de Mathieu **Molé**, *seigneur de
Champlâtreux*.

De la bibliothèque de Lamoignon.

128. JOURNAL des choses mémorables advenues durant le règne
de Henry III, roy de France et de Pologne (par Pierre de
l'Estoile). Edition nouvelle, augmentée de plusieurs pièces
curieuses et enrichie de figures et de notes pour éclaircir les
endroits les plus difficiles. *A Cologne, chez les héritiers de Pierre
Marteau*, 1720, 4 parties en 2 vol. pet. in-8, mar. vert., fil., dos
orné, dent. int., tr. dor. (*Rel. anc.*).

Exemplaire aux armes de Louis-Charles **Machault**, *seigneur d'Arnou-
ville*.

Edition avec les notes de *Jacques Le Duchat* et *D. Godefroy*, ornée de
portraits par *Harrewyn*.

Le titre de la seconde partie du Tome II a été placé dans le premier
volume après celui de la première partie.

129. MÉMOIRES de Condé ou Recueil pour servir à l'histoire de France, contenant ce qui s'est passé de plus mémorable dans ce Royaume sous les règnes de François II et Charles IX. Nouvelle édition. *A Londres, chez Claude du Bosse,* 1740, 6 vol. in-12, titres gravés, veau fauve, pièces d'armoiries sur les plats et au dos, tr. rouges. (*Rel. anc.*).

Exemplaire ayant appartenu à Charles Louis Auguste **Fouquet de Belle-Isle, duc de Gisors,** qui a fait frapper l'*écureuil* sur les plats et le dos des volumes.

130. MÉMOIRES (Les) de la Roine Marguerite (publiés par Auger de Moléon, seigneur de Granier). *A Paris, par Charles Chappellain,* 1628, pet. in-8, mar. rouge, pet. dent., dos orné, tr. jasp. (*Rel. anc.*).

Edition originale.
Exemplaire aux armes de Louis II **de Bourbon,** dit le **Grand Condé.**

131. MÉMOIRES de la vie de François de Scepeaux, sire de Vieilleville et comte de Duretal, maréchal de France, contenans plusieurs anecdotes des règnes de François Ier, Henri II, François II et Charles IX, composés par Vincent Carloix, son secrétaire. *A Paris, chez H. L. Guérin,* 1757, 5 vol. in-12, portrait, mar. vert, fil., dos orné, dent. int., tr. dor. (*Rel. anc.*).

Exemplaire aux armes de **Madame Victoire,** *fille de Louis XV.*

132. MÉMOIRES illustrez (Les) et augmentez de plusieurs commentaires et manuscrits, tant lettres, instructions, traitez, qu'autres pièces secrettes et originales, servans à donner la vérité de l'histoire des règnes de François II, Charles IX et Henry III, et de la régence et du gouvernement de Catherine de Médicis, avec les éloges des rois, reines, princes et autres personnes illustres de l'une et l'autre religion, l'histoire généalogique de la maison de Castelnau, etc., par J. Le Laboureur. Nouvelle édition revue avec soin et augmentée de plusieurs manuscrits. *A Bruxelles, chez Jean Léonard,* 1731, 3 vol. in-fol., mar. rouge, dent. int., tr. dor. (*Petit*).

Bel exemplaire en grand papier. Cette édition, donnée par *Godefroy,* est la meilleure et la plus complète. Elle est enrichie de portraits et de nombreux blasons gravés en taille-douce.

133. PAPIMANIE de France (La) avec une copie de certaine bulle papale, qui semble préiudiciable à la couronne de France. *S. l.*, 1567, pet. in-8 de 16 ff. non chiff., mar. rouge, dent. int., tr. dor. (*Duru.*).

Pièce extrêmement rare.

134. PROTESTATION et défense pour le Roy de Navarre, Henry III, premier prince de France et Henry, prince de Condé, aussi prince du mesme sang, contre l'injuste et tyrannique Bulle de Sixte V, publiée à Romme au mois de septembre 1585, au mespris de la maison de France. Traduite du latin intitulé Brutum Fulmen Sixti V. *S. l.* 1587, pet. in-8, mar. rouge, comp. de fil. à la Du Seuil, pièces d'armoiries au dos, dent. int., tr. dor. (*Rel. anc.*).

Cet ouvrage de *François Hotman* est aussi savant que satyrique ; il défend sans modération les droits des souverains et se déchaîne avec exagération contre les papes.

135. RECUEIL de diverses pièces servans à l'histoire de Henry III, Roy de France et de Pologne. *A Cologne, chez Pierre du Marteau*, 1663, in-4, mar. rouge souple à recouv. dent., dos orné, tr. dor. (*Rel. anc.*).

Ce recueil renferme les cinq pièces suivantes : I^e *Journal des choses mémorables advenues durant tout le règne de Henri III.* — IIe *Divorce satyrique ou les amours de la Reyne Marguerite de Valoys.* — IIIe *Histoire des amours d'Henri IV.* — IVe *Confession catholique du sieur de Sancy.* — Ve *Discours merveilleux de la vie, actions et déportemens de la Reyne Catherine de Médicis.*

136. RECUEIL de diverses pièces servant à l'histoire de Henri III, Roy de France et de Pologne. *A Cologne, chez Pierre du Marteau*, 1666, pet. in-12, mar. violet, encad. de fil. dorés et dent. à froid, milieu et dos ornés, dent. int., tr. dor. (*Ducastin*).

Ce recueil renferme : *Journal du règne de Henri III. — Le Divorce saty*

*rique. — L'Alcandre. — L'Apologie pour Henri IV. — La Confession de
M. de Sancy. — Le Discours merveilleux de la vie de Catherine de Médicis.*
Jolie reliure de *Ducastin.*

137. RESPONSE des vrays catholiques françois à l'avertissement des catholiques anglois pour l'exclusion du Roy de
Navarre de la couronne de France. Traduict du latin. *S. l.,*
1588, pet. in-8, mar. rouge, fil., dos orné, dent. int., tr. dor.
(*Rel. anc.*).

Attribué par le Président de Thou à *Denis Bouthillier,* avocat.

138. SOMMAIRE recueil des choses mémorables que le seigneur
Prince de Condé a protestées et faites pour la gloire de Dieu,
repos et utilité du royaume de France : contre les autheurs
des troubles advenus depuis l'an mil cinq cens soixante jusqu'à
présent. *S. l.,* 1564, in-16, mar. bleu, dos orné, dent. int., tr.
dor.

Recueil rare.

139. THEATRUM crudelitatum haereticorum nostri temporis
(auctore Rich. VERSTEGAN). *Antverpiae, apud Adrianum Huberti,*
1588, in-4, mar. rouge, fil., dos orné, dent. int., tr. dor. (*E. Niédrée*).

Ouvrage recherché pour les belles figures gravées sur cuivre dont il
est orné et qui représentent les supplices infligés par les protestants
aux catholiques. La dernière planche représente *le supplice de Marie
Stuart.*
Bel exemplaire avec les figures en PREMIÈRES ÉPREUVES.
On a relié avec cet exemplaire la traduction française : THÉATRE des
cruautez des hérétiques de nostre temps. Traduit du latin en françois.
En Anvers, chez Adrien Hubert, 1588. — Cette traduction a des augmentations, entre autres : *la Particulière description des cruautez et humani-
tez des schismatiques d'Angleterre, du règne de Henry huictième.*

140. TOCSAIN contre les massacreurs (Le) et auteurs des confu-
sions en France, par lequel la source et origine de tous les
maux, qui de long temps travaillent la France, est descouverte.
Afin d'inciter et esmouvoir tous les princes fidelles, de s'em-

ployer pour le retrēchement d'icelle. Adressé à tous les princes chrestiens. *A Reims, de l'Imp. de Jean Martin,* 1579, pet. in-8, mar. rouge, fil., dos orné, dent. int., tr. dor. (*Rel. anc.*).

Exemplaire aux armes de Gabriel-Marie de **Talleyrand, comte de Périgord**. Provenance rare.

Ouvage fait à l'occasion et dans le temps de la Saint-Barthélemy. Cette pièce contient une déclamation vive et hardie contre le roi Charles IX et les Guise, particulièrement contre la reine Catherine de Médicis à laquelle l'auteur, du parti huguenot, impute cette tragique exécution.

Fraîche reliure du xviii° siècle.

141. **TORTOREL ET PERISSIN.** Premier volume || contenant quarante tableaux ou || histoires diverses qui sont mémorables touchant les guerres, massacres et trou || bles advenus en France en ces dernières années. Le tout recueilli || selon le tesmoignage de ceux qui y ont este en person || ne et qui les ont veus, lesquels sont pour || trais à la vérité. (1559-1570) *S. l. n. d.* (*Genève et Lyon, vers* 1570), in-fol., mar. rouge, fil., dos orné, dent. int., tr. dor. (*Rel. anc.*).

Suite très rare d'estampes historiques exécutées d'après les dessins de *Jean Perissin*. Les planches ont été gravées sur bois et sur cuivre par *Perissin* et *Tortorel*.

Exemplaire complet comprenant le titre, *l'avis au lecteur* (très rare) et les 39 planches dont 23 gravées sur cuivre et 16 gravées sur bois.

Exemplaire monté sur onglets dans une bonne reliure du xviii° siècle. Quelques planches ont été remargées.

142. VIE d'Antragues (La) le Bon François, ou de la foy des Gaulois. Traduit du latin de M° Michel Du Rit, advocat au siège présidiale d'Orléans. *A Paris, par Rolin Thierry,* 1589, pet. in-8, mar. citron, fil., dos orné, dent. int., tr. dor. (*Rel. anc.*).

Joli exemplaire relié par *Derome*, avec son étiquette à l'intérieur du volume.

Cette plaquette rare est précédée d'une épître satyrique à François de Balzac, sieur d'Antragues. Elle fut faite à l'occasion du meurtre des Guise. L'auteur était du parti de la Ligue.

143. VIE (La), mœurs et déportements de Henry Béarnois, soy disant roy de Navarre, descrite fidèlement depuis sa naissance

jusques à présent. Où les catholiques de ce royaume pourront découvrir quelles sont les hypocrisies de celuy qui les voudroit dominer, et envahir la couronne très chrestienne à Charles, cardinal de Bourbon, Roy de France. *A Paris, chez Pierre Deshayes*, 1589, pet. in-8, de 96 pp., mar. rouge, fil., dos orné, dent. int., tr. dor. (*Rel. anc.*).

Les circonstances relatées dans cette pièce rare sont exagérées ou dénaturées par la prévention et la haine que l'auteur fait paraître contre ce Prince.

Bel exemplaire relié par *Derome*.

PIÈCES HISTORIQUES DU XVIe SIÈCLE

144. 1542. — Le voyage du Roy || nostre sire à sa ville de la Rochelle || Les supplications des habitans des Iles et || de ladicte ville || Larest de miséricorde dõne par ledict seigneur || ausdictz supplians le premier iour de Jan || vier mil cinq cens quarante deux || Le Festin faict au Roy par lesdictz Rochelloys || Les prinses faictes par les Normans sur les || Espaignols || M.D. XL.III (1543) || avec privilège || —*On les vend à Paris .... par Jacques Nyverd* || In-8 goth. de 20 ff. non chiff., mar. La Vall., doubl. aux armes et au chiffre du comte René de Béarn, tr. dor. (*Chambolle-Duru*).

Au verso du titre se trouve un quatrain *Aux Rochelloys*.
Pièce très **rare**.

145. 1560-1562. — Six plaquettes pet. in-8, mar. La Vall., doubl. aux armes et au chiffre du comte René de Béarn, tr. dor. (*Chambolle-Duru*).

A nostre amé et féal sénéchal de Clermont, 1560, une feuille pliée. — Discours tréselegãt et très grave sur le grãd et iadis renõmé Royaume

des Perses et la nourriture de leurs Roys..... 1562, 21 pp. — Advertissement à la Royne mère du Roy, touchant les misères du Royaume, 1562,
15 ff. — Histoire de ce qui est advenu depuis le partement du duc de
Guise et autres de la cour, estant à Sainct Germain iusques à ce temps,
1562, 38 pp. — Lettres patentes de déclaration du Roy, contre ceux
qui ont prins les armes sans sa permission, 1562, 4 ff. — Edict et décla-
ratiō faicte par le Roy Charles IX sur la pacification des troubles de ce
royaume, 1562, 12 ff.

146. 1562. — Trois plaquettes in-4, mar. La Vall., doubl. aux
armes et au chiffre du comte René de Béarn, tr. dor. (*Chambolle-
Duru*).

Requeste présentée au Roy et à la Royne par le Triumvirat, 1562, 23 ff.
— Discours des moyens que Monsieur le Prince de Condé a tenus pour
pacifier les troubles qui sont à présent en ce royaume, 1562, 32 ff. —
Discours des choses faictes par Monsieur le Prince de Condé, depuis
son partement d'Orléans et mesmement de ce qui s'est négocié touchant
la paix. S. d. (1562) 22 ff.

147. 1563-1572. — Dix plaquettes pet. in-8, mar. La Vall., doubl.
aux armes et au chiffre du comte René de Béarn, tr. dor.
(*Chambolle-Duru*).

Ordonnance du Roy touchant le rétablissement des foires, changes
et payemens en la ville de Lyon, 1563, 3 ff. — Epistre d'une damoiselle
françoise à une sienne amie estrangère sur la mort d'excellente et ver-
tueuse dame Léonor de Roy, Princesse de Condé, 1564, 45 pp. — Lettres
patentes du Roy sur la privation et contrainte envers tous ceux qui sont
désobéissans de prendre lettres de confirmation de leurs offices, 1564,
une feuille pliée. — Remonstrances faictes au Roy de France par les
députez des trois estats du duché de Bourgogne, sur l'édict de la pacification des troubles du royaume de France, 1564, 63 ff. — Edict du
Roy pour contenir les serviteurs et servantes en leurs devoirs, 1565, 4 ff.
— Remonstrance pour le Roy à tous ses subiects qui ont prins les
armes contre sa Majesté par J. De la Taille, 1567, 15 pp. — Arrest de
la court de Parlement par lequel est ordonné qu'aucuns ne seront
receuz en estatz, ayans leurs femmes ou enfans, famille et serviteurs
de la nouvelle prétendue religion. S. d. (1568) 4 ff. — Discours sur la
victoire qu'il a pleu à Dieu d'envoyer au Roy sur les héréticques et
rebelles, par Laurens de Bourg, Lyonnois, 1570, 36 ff. — Discours sur
l'heur des présages advenuz de nostre temps, signifiantz la félicité du
règne de nostre Roy Charles neufiesme, par François de Belle-forest.

1572, 35 ff. — Discours du massacre de ceux de la religion réformée fait à Lyon par les catholiques romains, 1574, 165 pp.

148. LETTRE de Pierre Charpentier, jurisconsulte, addressée à François Portes Candiois, par laquelle il monstre que les persécutiõs des Eglises de France sont advenues, non par la faulte de ceux qui faisoient profession de la Religion, mais de ceux qui nourrissoient les factions et conspirations, qu'on appelle la cause. *S. l.* 1572, pet. in-8 de 36 pp., mar. La Vall., doubl. aux armes et au chiffre du comte René de Béarn, tr. dor. (*Chambolle-Duru*).

Première édition fort rare.

149. DISCOURS sur les causes de l'exécution faicte ès personnes de ceux qui avoyent conjuré contre le Roy et son estat. *A Lyon, par Michel Jove,* 1572, pet. in-8 de 15 ff. non chiff., mar. La Vall., doubl. aux armes et au chiffre du comte René de Béarn, tr. dor. (*Chambolle-Duru*).

Habile apologie de la Saint Barthélemy.

150. 1573-1574. — Cinq plaquettes pet. in-8 et in-12, mar. La Vall., doubl. aux armes et au chiffre du comte René de Béarn, tr. dor. (*Chambolle-Duru*).

Ordonnance du Roy et arrest de la cour, sur le faict de la police générale : contenans les défenses de toutes traictes et transports de grains et de vins, hors de ce royaume. 1574, 8 ff. — Extrait d'une lettre missive faisant mention de la fuitte des huguenots hors du païs d'Angoulmoys. 1574. 4 ff. — Arrest par lequel les livres, librairie, pastel, guesde et sucres sont déclarez exempts de tout droict de péage. 1574. 4 ff. — Exhortation à la paix aux catholiques françois. 1574, 19 pp. — Déclaration et protestation de Mgr. de Dampville, maréchal de France. 1575, 16 ff.

151. TRÉPAS DE CHARLES IX. — Deux plaquettes pet. in-8, mar. La Vall., doubl. aux armes et au chiffre du comte René de Béarn, tr. dor. (*Chambolle-Duru*).

Le vray discours des derniers propos mémorables, et trespas du feu roy de tresbonne mémoire Charles IX. 1574, 26 ff. — Les regrets et complaintes de très illustre princesse Élizabeth d'Austriche sur le trespas et enterrement du roy Charles IX. 1574, 15 pp.

152. 1575-1585. — Neuf plaquettes pet. in-8 et in-12, mar. La Vall., doubl. aux armes et au chiffre du comte René de Béarn, tr. dor. (*Chambolle-Duru*).

L'union faite et jurée par Mgr de Damp-ville, tant pour luy que les catholiques paisibles avec ceux de la religion réformée. 1575, 11 pp. — Discours de la prinse de l'isle de Rhé par le seigneur du Landreau. 1575, 44 pp. — Déclaration du Roy contre un mémoire naguères semé au préiudice de la vérité, touchant l'érection de plusieurs prétendus edicts de nouvelles impositions. 1578, 7 pp. — Discours merveilleux de la vie, actions et déportemens de Catherine de Médicis. 1578, 110 pp. — Lettres patentes du Roy, pour tenir les grands jours en la ville de Troye. 1583, 16 pp. — Discours d'Alexandre Canobbio sur la Réformation. 1583, 24 pp. — Oraison de François Panicarole, 1585, 40 pp. — La Déclaration de Nostre Sainct Père le Pape Sixtus V à l'encontre de Henry de Bourbon, soy disant Roy de Navarre, 1585, 16 pp. — Advertissement au Roy de Navarre de se réunir avec le Roy à la foi catholique. 1585, 16 pp.

153. 1588. — Six plaquettes pet. in-8, mar. La Vall., doubl. aux armes et au chiffre du comte René de Béarn, tr. dor. (*Chambolle-Duru*).

Histoire tragique et mémorable de Pierre de Gaverston, gentil homme gascon jadis le mignon d'Édouard II. 1588. 16 pp. — Sur la mort inopinée de Magnanime prince Henry de Bourbon, prince de Condé, remonstrance à la France. 1588, 15 pp. — Congratulation au Roy sur sa victoire et heureux succès contre l'estranger, par E. Pasquier. 1588, 64 pp. — Discours véritable sur ce qui est arrivé à Paris, le 12 de may 1588, 16 pp. — Description de l'homme politique de ce temps avec sa foy et religion. 1588, 12 pp. — Discours au vray de la défaicte des reistres du prince de Béarn à Connerré par M. le comte de Brissac. 1589, 7 pp.

154. ÉTATS GÉNÉRAUX DE BLOIS. — Six plaquettes pet. in-8, mar. La Vall., doubl. aux armes et au chiffre du comte René de Béarn, tr. dor. (*Chambolle-Duru.*)

Discours véritable de ce qui est advenu aux estats généraux de France tenuz à Blois en l'année 1588. 1589, 61 pp. — La Harangue faicte par le

Roy Henri III à l'ouverture de l'assemblée des trois Estats généraux de son royaume, en sa ville de Blois. 1588, 15 ff. chiff. et 2 ff. non chiff. — La Harangue faicte au Roy par le prévost des marchans de ceste ville de Paris, en l'assemblée des estats, le dix-septiesme octobre 1588, 14 pp. — Déclamation ou harangue faicte aux estats tenus à Bloys par Monsieur l'archevesque de Bourges. 1589, 69 pp. — Harangue prononcée devant le Roy séant en ses États généraux tenuz à Blois, par messire Charles de Cossé. 1589, 30 pp. — Harangue prononcée, le Roy séant en ses États généraux tenus à Bloys par maistre Étienne Bernard. 1589, 32 pp.

---

155. ASSASSINAT DU DUC ET DU CARDINAL DE GUISE. — Histoire au vray du meurtre et assassinat proditoirement commis au cabinet d'un Roy perfide et barbare, en la personne de Monsieur le Duc de Guise.... Ensemble du massacre aussi perpétré en la personne du cardinal, son frère, sacré et dédié à Dieu. Où sont balancez les services de ses prédécesseurs et les siens, avec une tant inhumaine cruauté et ingrate rémunération. Pour estre le tout veu et diligemmēt considéré par gents de bien. S. l. 1589, pet. in-8 de 105 p., mar. La Vall., doubl. aux armes et au chiffre du comte René de Béarn, tr. dor. (*Chambolle-Duru*).

Plaquette fort rare renfermant une gravure sur bois représentant *le Duc de Guise mort* et une grande planche pliée gravée en taille-douce représentant *l'assassinat du cardinal.*

156. — Le Martyre des deux frères contenant au vray toutes les particularitez plus notables des massacres, et assassinats, commis ès personnes de très-hauts, très puissants et très chrestiens Princes, Messeigneurs le Révérendissime Cardinal de Guyse, archevesque de Reims et de Monseigneur le Duc de Guyse, pairs de France, par Henry de Valois à la face des Estats dernièrement assemblez à Bloys. Reveue par l'autheur et augmenté de plusieurs choses notables. S. l. 1589, pet. in-8 de 65 pp. chiffrées 58 et de 2 ff. non chiff., mar. rouge, les plats couverts de fil. droits et courbes et ornements divers, dos orné, doubl. de mar. vert avec semis de fleurs de lis, gardes de satin

vert, tr. dor., étui de mar. La Vall., intérieur aux armes et au chiffre du comte René de Béarn. (*Lortic*).

L'auteur de ce factum est *Charles Princelet*, chefcier de Saint-Germain-l'Auxerrois.

Charmante reliure de *Lortic*, d'une exécution parfaite.

157. — Le Martire des deux frères contenant au vray toutes les particularitez les plus notables des massacres et assassinats, commis ès personnes de treshaults, très-puissans et très chrestiens princes, messeigneurs le Révérandissime cardinal de Guyse, archevesque de Reims et de Monseigneur le duc de Guyse, pairs de France, par Henry de Valois à la face des Estats dernièrement tenuz à Bloys. *S. l.* 1589, pet. in-8 de 54 pp. et 2 ff. non chiff., mar. La Vall., doubl. aux armes et au chiffre du comte René de Béarn, tr. dor. (*Chambolle-Duru*).

Édition fort rare avec les figures des pages 31 et 41, représentant le massacre du duc de Guise et du cardinal archevêque de Reims, et les portraits en médaillon au titre et au verso du titre.

158. — Apologie aux rapsodeurs de la mort de très valeureux et très catholiques princes Loys de Lorraine cardinal, et Henry duc de Guyse, suyvie d'une élégie et tombeaux d'iceux. *A Paris, pour Pierre Mercier, s. d.*, pet. in 8 de 16 pp., mar. La Vall., doubl. aux armes et au chiffre du comte René de Béarn, tr. dor. (*Chambolle-Duru*).

Grande planche pliée gravée sur bois représentant le duc de Guise mort et contenant un texte explicatif.

159. — Trois plaquettes pet. in-8, mar. La Vall., doubl. aux armes et au chiffre du comte René de Béarn, tr. dor. (*Chambolle-Duru*).

Les cruautez sanguinaires exercées envers feu Monseigneur le cardinal de Guise. 1589, 10 pp. et 2 ff. — Oraison funèbre sur la mort de Mgr le duc de Guise et de monsieur l'illustris. cardinal, son frère. 1589. 14 pp. portrait sur le titre. — La Récompence du tyran de la France et porte-bannière d'Angleterre, Henri de Valois envers nosseigneurs les cardinal et Duc de Guyse. 1589, 22 pp.

160. 1589. — Neuf plaquettes pet. in-8, mar. La Vall., doubl. aux armes et au chiffre du comte René de Béarn, tr. dor. (*Chambolle-Duru.*)

ORAISON funèbre faicte aux obsèques de la Royne mère du Roy, par messire Regnault de Beaunne, 1589, 54 pp. —LA HARANGUE faite au Consistoire, à messeigneurs les cardinaux, par Nostre S. Père le Pape. 1589, 29 pp. — ARTICLES sur l'union des manans et habitans de la ville de Tolose ......pour le soustenement et défense de la religion catholique. 1589, 16 pp. — DÉCLARATION du Roy sur l'attentat, félonnie et rébellion du duc de Mayenne. 1589, 14 ff. — DISCOURS de la deffaicte du vicomte de Thuraine avec ses trouppes à Chasteauneuf en Berry le 26 du mois de Mars, par M. de la Chastre. 1589, 13 pp. — DÉCLARATION de Monsieur de La Chastre aux habitans de Bourges, le quatriesme avril. 1589, 5 pp. — LA VICTOIRE obtenue par Mgr. le Duc de Mayenne. 1589, 15 pp. — ADVIS de la deffaicte des dix-sept compagnies de gens de pied et trois cens chevaux du comte de Bryenne, apporté par le sieur de Chazeul. 1589, 4 ff. — AVIS de la victoire du roy catholique contre l'Anglois en Espagne. 1589, 13 pp.

161. 1589. — Sept plaquettes pet. in-8 et in-12, mar. La Vall., doubl. aux armes et au chiffre du comte René de Béarn, tr. dor. (*Chambolle-Duru.*)

LE DISCOURS de la prinse de Montyranié, par M. le prince de Joinville. S. d. (1589), 13 pp. — LA PRINSE de la ville de Sancerre par M. le capitaine du Pescher. S. d. (1589) 14 pp. — LA PRINSE et rendition de la ville de Montereau ou Fault-Yonne. S. d. (1589), 14 pp. — LA TRAHISON descouverte des politiques de la ville de Troys en Champaigne. 1589, 11 pp. — SECONDE victoire obtenue à Tours par Mgr. le Duc de Mayenne, allencontre du Tyran, et ses plus forts alliez, ennemis de l'Église catholique. 1589, 14 pp. — RÉFUTATION des calomnies que les hérétiques et politiques leurs adhérans sèment et publient contre les catholiques. 1589, 56 pp. — LE KARESME et mœurs du politique, où il est amplement discouru de sa manière de vivre, de son estat et religion. 1589, 24 pp.

162. 1589. — Dix plaquettes pet. in-8, mar. La Vall., doubl. aux armes et au chiffre du comte René de Béarn, tr. dor. (*Chambolle-Duru.*)

EDICT et déclaration de Mgr. le Duc de Mayenne et le conseil général de la Saincte Union. 1589, 16 pp. — LETTRE de l'illust. cardinal Montalte, escrite par le commandement de N. S. Père le Pape au conseil général de la Saincte Union. 1589, 16 pp. — ARREST de la cour de Parlement, portant défenses à toutes personnes de quelque qualité ou condition qu'ils soient, de n'emprisonner, ny condamner les catholiques demeuräs ès villes du parti contraire à la saincte Union desdits catholiques. *S. d.* (1589) 7 pp. — Coppie des lettres escrites à d'Epernon par M. l'abbé d'Elbène. *S. d.* (1589) 22 pp. — Les articles de la Tresve accordée entre noz seigneurs le Duc de Nemours et en son absence Moseigneur le marquis Sainct-Serlin et Monsieur le Duc de Montmorency. 1589, 8 ff. — La Prinse de la ville et chasteau de Gournay en Normandie par Mgr. le Duc de Mayenne. 1589, 14 pp. — Déclaration faite par la ville de Tolose sur le despart de Mgr. le mareschal de Joyeuse. 1589, 29 pp. — La Prise de la ville de la Fère en Picardie par M. le marquis de Pienne. 1589, 4 ff. — Arrest de la cour de Parlement, par lequel deffences sont faictes à tous imprimeurs d'imprimer billets ou libelles tendans à sédition sur peine de la hart. 1589, 8 pp. — Deffaicte de vingt et cinq compagnies hérétiques du maréchal de Mõtmo racy qu'il envoyoit à la Valette contre la Saincte Union, par Monsieur d'Ampuis. 1589, 8 pp.

163. 1589-1597. — Onze plaquettes pet. in-8 et in-12, mar. La Vall., doubl. aux armes et au chiffre du comte René de Béarn, tr. dor. (*Chambolle-Duru.*)

Formulaire pour jurer l'union. 1589, 7 pp. — La Harangue faicte par Mgr. le Duc de Mayenne aux capitaines et soldats de son armée. 1589. 8 pp. — Epistre consolatoire et vers lugubres sur la mort pitoyable du deffunct mõsieur maistre François Hurault. 1590, 16 pp. — Discours de la prinse faite par le Roy dans le bourg de Patté, près d'Orléans de deux régimens de gens le pied de ses ennemis. 1592, 8 pp. — Déclaration de Monsieur de la Chastre faicte aux habitans d'Orléans en l'assemblée tenue en son logis, le jeudi 17 février 1594 pour les induire à recognoistre le Roy. 1594, 23 pp. — Coppie des lettres du Roy sur l'absolution donnée à S. M. par nostre Saint Père le Pape Clément VIII. 1595, 15 pp. — Histoire abrégée des singeries de la Ligue. 1595, 16 pp., 3 planches pliées. — Édict et articles accordez par le Roy, sur la réunion du sieur de Bois-Dauphin, au service de Sa Majesté, 1596, 24 pp. — Édict du Roy sur les articles accordez à M. le Duc de Mayenne pour la paix de ce royaume. 1596, 32 pp. — Discours véritable des choses advenues au siège des ville et citadelle de Calais. 1596, 13 pp. — Édict du Roy contenant le restablissement et hérédité des offices de controlleurs visiteurs, marqueurs, etc., érigez en chacune ville, bourgade et lieu de ce royaume, où se faict apport, vente et appareil d'iceux. 1597, 7 pp.

BOURBONS

164. HISTOIRE de la maison de Bourbon par M. Désormeaux. *A Paris, de l'Impr. royale, 1772-1788, 5 vol. in-4, mar. rouge, fil. et dent., dos orné, dent. int., tr. dor. (Rel. anc.).*

Bel exemplaire dans une reliure très fraîche aux armes de Louis-Joseph de Bourbon, dit le Prince de Condé.

Ouvrage remarquablement illustré d'un frontispice par *Boucher*, gravé par *Saint-Aubin*, une dédicace et 5 fleurons sur les titres par *Choffard*, 14 portraits par *Fragonard, Le Monnier* et *Vincent*, gravés par *Gaucher* et *Miger*, 21 vignettes par *Moreau* et 21 culs de lampe par *Choffard*.

HENRI IV (1589-1610)

165. APOLOGIE pour Jehan Chastel, parisien, exécuté à mort, et pour les pères et escholliers, de la Société de Jésus, bannis du royaume de France. Contre l'arrest de Parlement, donné contre eux à Paris, le 29 décembre 1594. Divisée en cinq parties par François de Vérone. *S. l. 1595, pet. in-8, mar. rouge, fil., dos orné, dent. int., tr. dor. (Rel. anc.).*

Exemplaire aux armes de Claude-Marie Fevret de Fontette, *conseiller au Parlement de Bourgogne.*

François de Vérone est le pseudonyme de *Jean Boucher, curé de Saint-Benoît,* auquel ce libelle est attribué.

On a relié à la suite : *Advertissement aux catholiques sur l'arrest de la cour de Parlement de Paris en la cause de Jean Chastel.* 1595, 16 pp.

166. ARTICLES du traicté faict en l'année 1604, entre Henri le Grand, Roy de France et de Navarre, et Sultan Amat, empereur des Turcs, par l'entremise de messire François Savary, seigneur de Breves, lors ambassadeur pour Sa Majesté à la Porte dudit Empereur. *A Paris, de l'Impr. des langues orientales, par Estienne Paulin*, 1615, gr. in-8 de 24 ff. mar. rouge, fil. à froid, dent. int., tr. dor.

Texte turc et traduction française en regard.

167. AVANT-VICTORIEUX (L') par P. de l'HOSTAL, de Roquebonne). *A Orthes, par Abraham Royer*, 1610, pet. in-8, mar. vert, encad. de fil., dos orné, dent. int. (*Bruyère.*)

Frontispice gravé et portrait d'Henri IV à cheval, par *Gaultier*.
P. de l'Hostal était vice-chancelier du roi de Navarre.

168. CHRONOLOGIE novenaire contenant l'histoire de la guerre, sous le règne du très-chrestien roy de France et de Navarre Henri IV depuis le commencement de son règne, l'an 1589 jusques à la paix faicte à Vervins en juin 1598, par M⁰ Pierre Victor CAYET. *A Paris, par Jean Richer*, 1608, 3 vol. — CHRONOLOGIE septenaire de l'histoire de la paix entre les Roys de France et d'Espagne, 1598-1604. *Ibid., id*, 1605, 1 vol. — Ens. 4 vol. pet. in-8, mar. rouge, fil., dos à la grotesque, dent. int., tr. dor. (*Rel. anc.*).

Ouvrages curieux.
Exemplaire de BALUZE, avec sa signature au bas du titre des volumes.

169. CINQUIESME livre (Le) des derniers troubles de France, contenant l'histoire des choses plus mémorables advenues depuis la mort du Roy Henri III, au mois d'aoust 1589 jusques au siège de La Fère. *Imprimé l'an de notre salut*, 1597, in-8, mar. bleu jans., dent. int., tr. dor. (*Hans Asper.*)

Le titre de cet ouvrage est une ruse employée par l'auteur, resté inconnu, et quelques imprimeurs pour faire croire que ce cinquième livre est la suite des quatre livres par *Pierre Matthieu*. Ce dernier dénonça la supercherie.
Les faits y sont narrés avec partialité.

170. COPIE de la lettre du Roy, escrite de sa propre main, à
Madame sœur unique de Sa Majesté du plus signalé combat
qu'elle a eue contre le Duc de Mayenne et le connestable de
Castille. *A Paris, chez Jamet Mettayer,* 1595, pet. in-8 de 3 pp.
mar. bleu, armoiries et semis de fleurs de lis et de H couronnés
sur les plats et le dos, dent. int., tr. dor. (*Capé.*)

Exemplaire auquel on a ajouté :

1° UNE LETTRE AUTOGRAPHE SIGNÉE DE HENRI IV au baron de Saint-
Germain de Montbason.

...« *Vous ne debvez ygnorer les commandemens du Roy de ne sopposer*
« *du passayge de ceuls qui me vyennent présentement trouver ce quy me fit*
« *de vous pryer attendans la venue du sieur de Mariny quy s'udvance par*
« *vos cartiers ne luy fere obstacle, mays au contrayre le favoryser sur tant*
« *que voudres ayder à l'achemyncment de la pays et byen de tous* ».

2° Quatre portraits divers de Henri IV.

Jolie reliure de *Capé* très bien exécutée.

171. DISCOURS et rapport véritable de la conférence tenue
entre les députez de la part de Monsieur le Duc de Mayenne,
lieutenant général de l'Estat et coronne de France, Princes,
Prélats et Estats généraux assemblez à Paris : avec les députez
de Messieurs les Princes, Prélats, Seigneurs et autres catholiques estants du party du Roy de Navarre. *A Troyes, par
Jean Oudot,* 1593, pet. in-8, veau fauve, fil., dos orné, dent. int.
tr. dor. (*Rel. anc.*).

Exemplaire aux armes de **Madame de Pompadour.**

172. ESPRIT de la Ligue (L'.) ou histoire politique des troubles
de France pendant les xvie et xviie siècles (par le P. L. P. ANQUE-
TIL).*A Paris, chez Jean Th. Hérissant,* 1767, 3 vol. in-12, mar. rouge,
fil., dos orné, dent. int., tr. dor. (*Rel. anc.*).

Exemplaire aux armes de LÉOPOLD CHARLES de **Choiseul,** *archevêque de
Cambrai.*

---

173. HENRI IV. — Discours des faicts héroïques de Henry le
Grand par Hiérosme de BÉNÉVENT. *A Paris, chez Jean de Heuque-*

ville, 1611, pet. in-8, mar. vert, fil., dos orné, dent. int., tr. dor. (*Rel. anc.*).

Bel exemplaire.

Le volume contient, à la fin, une pièce en vers intitulée : *Imprécations contre le parr. de Henry le Grand, traduites du latin de N. Borbonius.*

174. — Histoire de la vie de Henry IV, roi de France et de Navarre, dédiée à Son Altesse Sérénissime Monseigneur le Prince de Condé, par M. de Bury. *A Paris, chez Didot l'aîné,* 1765, 2 vol. in-4, portraits, mar. rouge, fil., dos orné, dent. int., tr. dor. (*Rel. anc.*).

Exemplaire aux armes de Léopold Charles de Choiseul, *archevêque de Cambrai.*

175. — Histoire du roy Henry le Grand composée, par messire Hardouin de Péréfixe. *A Paris, de l'Imp. d'Edme Martin,* 1661, in-4, mar. rouge, fil., dos orné, dent. int., tr. dor. (*Hardy*).

Première édition de cette histoire estimée. Exemplaire provenant de la bibliothèque de Léon Rattier, auquel on a ajouté : 1° Une lettre autographe, signée de Henri IV, à M. de Rosny, relative à la Princesse de Condé, tante du roi.

2° Une lettre autographe, signée de Hardouin de Péréfixe, à M. Vitré.

3° 13 portraits divers.

176. — Histoire du roy Henry le Grand, composée par Hardouin de Péréfixe. Reveue, corrigée et augmentée par l'auteur. *A Amsterdam, chez Daniel Elsévier,* 1664, pet. in-12, front., mar. rouge, fil., dos orné, dent. int., tr. dor. (*Rel. anc.*).

Edition la meilleure et la plus complète des quatre données par les Elzévier d'Amsterdam.

Charmant exemplaire dans une jolie reliure de *Derome.*

---

177. HISTOIRE de la Ligue, par Monsieur Maimbourg. *A Paris, chez Séb. Mabre-Cramoisy,* 1683, in-4, front. vignettes et culs-de-lampe, mar. rouge, fil., dos orné, dent. int., tr. dor. (*Rel. anc.*).

Bel exemplaire aux armes de N. x. Martel, *seigneur de Fontaine et de Clerc.*

178. HISTOIRE de la mort déplorable de Henry IIII, roy de France
et de Navarre. Ensemble un poème, un panégyrique et un discours funèbre. Dressé à sa mémoire immortelle (par P. MATTHIEU).
A Paris, chez la veuve M. Guillemot, 1612, pet. in-8, mar. La Vall.
encad. de fil., à froid, chiffre couronné aux angles, au dos et
au milieu dans un médaillon de feuillage, dent. int., tr. dor.
(*Lortic*).

Frontispice et portrait équestre de *Henri IV*, gravés en taille-douce.

179. HISTOIRE des guerres civiles de France, contenant tout ce
qui s'est passé de plus mémorable sous le règne de quatre rois,
François II, Charles IX, Henri III et Henri IV, surnommé le
Grand; jusques à la paix de Vervins inclusivement. Escritte en
italien, par H. C. DAVILA et mise en françois, par J. Baudoin.
Troisième édition, corrigée en divers endroits. *A Paris, par*
P. Rocolet, 1657, 2 vol. in-fol., front. gravé, mar. rouge, comp.
de fil., dent. et fleurons aux angles, dos orné, dent. int., tr. dor.
(*Rel. anc.*).

Exemplaire aux armes de SÉBASTIEN **Cramoisy**, *imprimeur du Roi*.
Mouillures à quelques feuillets du tome II. Annotations manuscrites
effacées dans le haut des titres.

180. MÉMOIRES de BELLIÈVRE et de SILLERI contenant un
journal concernant la négociation de la paix traitée à Vervins,
l'an 1598, entre Henri IV, Philippes II, roi d'Espagne et Charles
Emmanuel, duc de Savoie. *A la Haye, chez Adrien Moetjens*, 1696,
2 vol. in-12, mar. citron, fil., dos orné, dent. int., tr. dor.
(*Rel. anc.*).

Bel exemplaire aux armes de **Madame Sophie**, *fille de Louis XV*.

181. MÉMOIRES de la Ligue (Les) sous Henri III et Henri IIII,
rois de France (par Simon GOULART) ou recueils distincts, infinies particularités mémorables des affaires de la Ligue, depuis
l'an 1576 à l'an 1598. S. l. (*Genève*) 1599-1602, 6 vol. pet. in-8,
vélin blanc (*Rel. anc.*).

Exemplaire aux armes de CHARLES HENRI, **comte d'Hoym**.

182. MÉMOIRES de la Ligue contenans les événemens les plus remarquables depuis 1576 jusqu'à la paix accordée entre le roi de France et le roi d'Espagne, en 1598 (par Simon GOULART). Nouvelle édition, revue, corrigée et augmentée de notes critiques et historiques. *A Amsterdam chez Arkstée et Merkus*, 1758, 6 vol. in-4, mar. vert, fil., dos orné, dent. int., tr. dor. (*Rel. anc.*).

> Bel exemplaire de la meilleure édition.
> Ouvrage contenant toutes les pièces historiques relatives à la Ligue.

183. MÉMOIRES de Mre Philippe Hurault, comte de CHIVERNY, chancelier de France sous les rois Henri III et Henri IV. *A La Haye, chez M. Johnson*, 1720, 2 vol. in-12, mar. rouge, fil., dos orné, tête dor., non rogné (*Kœhler*).

184. MÉMOIRES d'estat sous le règne des roys Henry troisiesme et Henry IV, par M. de CHIVERNY. *A La Haye, chez Jean et Daniel Steucker*, 1669, 2 vol. pet. in-12, mar. bleu, chiffre aux angles et au dos, dent. int., non rogné (*Capé*).

> Jolie édition se joignant à la collection elzévirienne.
> Bel exemplaire provenant de la bibliothèque de J. RENARD.

185. MÉMOIRES des troubles (Les) arrivez en France, sous les règnes des rois Charles IX, Henry III et Henry IV, avec les voyages des sieurs de Mayenne et de Joyeuse au Levant et en Poictou, par Monsieur de VILLEGOMBLAIN. *A Paris, chez Jean Guillery* 1667, 2 vol. pet. in-12, mar. rouge, fil., dos orné, dent. int., tr. dor. (*Rel. anc.*).

> Joli exemplaire relié par *Derome*.

186. ORAISONS (Les) et discours funèbres de divers autheurs sur le trespas de Henry le Grand, très chrestien roy de France et de Navarre, dédiées au Roy, par G. DU PEYRAT. *A Paris, chez Robert Estienne*, 1611, pet. in-8, réglé, portrait gravé par L. Gaultier, mar. rouge, encadr. de fil, et feuillages, tr. dor. (*Rel. anc.*).

> Exemplaire aux armes de FRANÇOIS **Clausse de Marchaumont,** *grand maître des eaux et forêts.*

187. PROCÉDURE faicte contre Jean Chastel, escholier estudiant au collège des Jésuites, pour le parricide par luy attenté sur la personne du roy très-chrestien Henry IIII, roy de France et de Navarre, et arrests donnez contre le parricide et contre les Jésuites. *A Paris, chez Jamet Mettayer*, 1595, pet. in-8 réglé, mar. rouge, fil., dos orné, dent. int., tr. dor. (*Rel. anc.*).

Bel exemplaire relié par *Derome*, avec son étiquette à l'intérieur du volume.

188. RECUEIL des choses mémorables advenues en France sous le règne de Henri II, François II, Charles IX, Henri III et Henri IV depuis l'an 1547 jusqu'au commencement de l'an 1597 (par Jean de SERRES). Troisième édition contenant infinies merveilles de nostre siècle. *A Heden (Genève)*, 1603, pet. in-8, mar. vert, fil., chiffre aux angles et au dos, tr. dor. (*Rel. anc.*).

Exemplaire aux armes et au chiffre de CHARLES d'**Orléans-Valois, comte d'Auvergne**, *fils naturel de Charles IX et de Marie Touchet*, dont l'histoire forme la majeure partie de ce volume.

189. RECUEIL des édicts et articles accordez par le Roy Henri IIII pour la réunion de ses subiets. *Imprimé l'an de grâce* 1606, pet. in-8, mar. rouge, jans., dent. int., tr. dor.

Recueil rare et intéressant, contenant les édits et les lettres de pacification qu'Henri IV accorda aux catholiques rebelles depuis le jour de son couronnement jusqu'à la fin de l'année 1595.

190. **REMONSTRANCES de Messire Jacques de La Guesle** (Les), procureur général du Roy, dédiées à la Royne Régente. *A Paris, chez Pierre Chevalier*, 1611, in-4, réglé, titre gravé par Gaultier, mar. rouge, dos et plats couverts de compart. à la fanfare avec feuillages et fil., tr. dor. (*Rel. anc.*).

Superbe reliure du XVIIe **siècle**, avec les plats entièrement recouverts de dorures dans le genre de celles exécutées par les *Eve* et dites *à la Fanfare*, mais avec des fers plus fins et plus délicats.
Cette reliure a été exécutée à l'époque de la publication du livre et CHARLES NICOLAS **Le Clerc de Lesseville**, *conseiller au Parlement de Paris*, y a fait frapper ses armoiries.

191. SATYRE Ménippée de la vertu du Catholicon d'Espagne,
et de la tenue des États de Paris, à laquelle est ajouté un
discours sur l'interprétation du mot de Hignerio del inferno et
qui en est l'auteur. Dernière édition. *A Ratisbonne, chez les héri-*
tiers de Mathias Kerver, 1752, 3 vol. in-8, mar. rouge, fil., dos
orné, dent. int., tr. dor. (*Rel. anc.*).

Bel exemplaire de cette édition donnée par Le Duchat et ornée de
figures gravées en taille-douce.

192. SERMONS de la simulée conversion et nullité de la prétendue absolution de Henry de Bourbon, prince de Béarn, à
S. Denys en France, le dimanche 25 juillet 1593, sur le sujet
de l'Évangile du mesme jour, prononcez en l'Église S. Merry
à Paris, depuis le premier jour d'aoust prochainement suyvant,
jusques au neufiesme dudict mois, par M. Jean BOUCHER. *A*
Paris, chez G. Chaudière et R. Nivelle, 1594, pet. in-8, mar.
rouge, fil., dos orné, doubl. et gardes de tabis bleu, dent. int..
tr. dor. (*Rel. anc.*)

Les armes de PIERRE-ADOLPHE du Cambout, marquis de Coislin, ont été
frappées sur les plats de la reliure.
EDITION ORIGINALE rare de ces sermons sectaires et séditieux.

---

193. AMOURS du grand Alcandre (Les) par Mlle de GUISE,
suivis de pièces intéressantes pour servir à l'histoire de
Henri IV. *A Paris, de l'Imp. de Didot l'aîné,* 1786, 2 vol. in-12,
mar. vert, fil., dos orné, dent. int., tr. dor. (*Rel. anc.*).

Ouvrage attribué à *Louise Marguerite de Lorraine,* dite *Mlle de Guise,*
qui devint ensuite *Princesse de Conti.* Les annotations et la clef se trouvent dans le premier volume pages 115 et suivantes. Le grand tableau
généalogique, qui manque le plus souvent, se trouve en tête du second
volume.
Joli exemplaire dans une reliure très fraîche.

LOUIS XIII (1610-1645)

194. CODICILLES de Louys XIII, Roy de France et de Navarre, à son très cher fils aisné successeur, en ses royaumes de France et de Navarre, Canadas, Mexique, etc., en ses monarchies d'Italie et d'Allemagne, etc., etc., pour devenir le plus puissant Roy qui ayt jusques à présent régné en France (à la fin) : *Achevé d'imprimer le septième d'Aoust* 1643, 4 parties en 2 vol. in-16, mar. rouge, fil., dos orné, dent. int., tr. dor. (*Rel. anc.*).

L'auteur de ce livre, aussi singulier que rare, est resté inconnu. On y trouve d'excellentes choses à côté d'extravagances. Les deux dernières parties qui renferment des avis sur l'organisation militaire sont intitulées : *Prudence guerrière et prudence ménagère.*

195. GRAND Empire (Le) de l'un et l'autre monde divisé en trois royaumes : le Royaume des aveugles, des borgnes et des clair-voyants. Le tout enrichi de curieuses inventions et traicts d'éloquence françoises composé par J. de LA PIERRE. *A Paris, chez Denis Moreau*, 1625, in-8, mar. rouge, fil., dent. int., tr. jasp. (*Rel. anc.*).

Ouvrage rare, dédié au Cardinal de Richelieu, orné d'un frontispice de *Van Lochom* et d'une figure, de *Crispin de Pas*, représentant Louis XIII et Richelieu, naviguant devant le Louvre.

196. HISTOIRE de France soubs les règnes de François I, Henry II, François II, Charles IX, Henry III, Henry IV, Louys XIII et des choses plus mémorables advenues aux autres estats de la chrestienté depuis cent ans, par feu M. Pierre MATHIEU. *A Paris, chez la veuve Nicolas Buon*, 1631,

2 vol. in-fol. mar. rouge, comp. de fil., dos orné, tr. dor.
(*Rel. anc.*).

Bel exemplaire en GRAND PAPIER.

Ouvrage estimé publié, après la mort de l'auteur, par J. B. Matthieu, son fils.

197. HISTOIRE de Henry de La Tour d'Auvergne, duc de
Bouillon, où l'on trouve ce qui s'est passé de plus remarquable sous les règnes de François II, Charles IX, Henry III,
Henry IV, la minorité et les premières années du Règne de
Louis XIII, par M. MARSOLLIER. *A Paris, chez François Barois,* 1719, 3 vol. in-12, mar. rouge, pet. dent. fleurdelisée, dos
fleurdelisé, dent. int., tr. dor. (*Rel. anc.*).

Exemplaire aux armes de **Louis XV**.

198. HISTOIRE de Henry de La Tour d'Auvergne, duc de
Bouillon, où l'on trouve ce qui s'est passé de plus remarquable
sous les règnes de François II, Charles IX, Henry III,
Henry IV, la minorité et les premières années du règne
de Louis XIII, par M. MARSOLLIER. *A Paris, chez François
Barois,* 1719, in-4 à 2 col., mar. bleu, chiffre aux angles et au
dos, dent. int., tr. dor. (*Trautz-Bauzonnet.*)

Bel exemplaire du Comte Roger, du Nord.

199. HISTOIRE des plus illustres favoris anciens et modernes ·
recueillie par feu Monsieur P. D. P. (Pierre DU PUY) avec un
journal de ce qui s'est passé à la mort du mareschal d'Ancre.
A Leide, chez Jean Elsévier, 1659, in-4, mar. rouge, fil., dos
orné, dent. int., tr. dor. (*Rel. anc.*).

Bel exemplaire aux armes de LOUIS **de Bailleul,** *président au Parlement.*

De la bibliothèque de GUYON DE SARDIÈRE.

200. JOURNAL (Le) des choses les plus mémorables qui se sont
passées au dernier siège de La Rochelle, par Pierre MERVAULT
Rochelois. Revu, corrigé et de nouveau augmenté en cette
dernière édition de près de la moitié, et d'un catalogue de tous

les maîres de La Rochelle, par le même autheur. *A Rouen, chez Jacques Lucas*, 1671, 2 parties en 1 vol. in-12, **mar. rouge jans.,** dent. int., tr. dor. (*Petit*).

Ouvrage rare et recherché.

201. LOUIS XIII. — Histoire de la vie de Louis XIII, roi de France et de Navarre, par M. de Bury. *A Paris, chez Saillant,* 1768, 4 vol. in-12, mar. rouge, fil., dos orné, dent. int., tr. dor. (*Rel. anc.*).

Exemplaire aux armes de Léopold-Charles **de Choiseul,** *archevêque de Cambrai.*

202. — Histoire du règne de Louis XIII, roy de France, et des principaux événemens arrivez pendant ce règne dans tous les païs du monde (par Jacques Le Cointe, revue par Ellies Dupin). *A Paris, chez François Montalant,* 1716, 5 vol. in-12, mar. rouge, fil., chiff. au dos, dent. int., tr. dor. (*Rel. anc.*).

Bel exemplaire aux **armes royales** : *fer de Louis XIV.*

203. — Histoire du règne de Louis XIII, roi de France et de Navarre, par le père H. Griffet. *A Paris, chez les libraires associés,* 1758, 3 vol. in-4, veau marb., fil., dos orné, dent. int., tr. dor. (*Rel. anc.*).

Bel exemplaire.

204. — Le règne de Louys treziesme, donné pour exemple et instruction au Roy son fils. Dédié à la Reyne régente mère du Roy (par Jean Danes). *Imprimé à Paris, aux despens de l'autheur, chez Claude Morlot.* 1644. in-4, mar. rouge, comp. de fil., fleurons aux angles, dos orné, tr. dor. (*Rel. anc.*).

Bel exemplaire aux armes du **Cardinal Mazarin.**

205. MÉMOIRES contenant ce qui s'est passé en France de plus considérable depuis l'an 1608, jusqu'en l'année 1636. *A Paris,*

chez Claude Barbin, 1685, in-12, mar. rouge, jans.; dent. int.,
tr. dor. (*Trautz-Bauzonnet*).

Première édition de ces mémoires connus sous le nom de *Mémoires
de Monsieur* ou du duc d'Orléans, rédigés par Et. Algay de Martignac.
Bel exemplaire.

206. MÉMOIRES de Maximilien de Béthune, duc de Sully, prin-
cipal ministre de Henry le Grand. Mis en ordre, avec des
remarques par M. L. D. L. D. L. (l'abbé de l'Ecluse des Loges).
A Londres (Paris), 1745, 8 vol. in-12, portrait, veau marb., fil., dos
orné, tr. dor. (*Rel. anc.*).

Exemplaire dans une reliure bien conservée aux armes de **Madame de
Pompadour**.

207. MÉMOIRES de Maximilien de Béthune, duc de Sully, prin-
cipal ministre de Henry le Grand, mis en ordre avec des
remarques, par M. L. D. L. D. L. (l'abbé de l'Ecluse des Loges).
A Londres (Paris), 1747, 3 vol. in-4, mar. rouge, dos orné, tr.
dor. (*Rel. anc.*).

Exemplaire en grand papier.
Cette édition est ornée d'un frontispice gravé, des portraits d'Henri IV
et de Sully et de trois vignettes en tête par *Gravelot*.
Cet exemplaire renferme 79 portraits et les deux estampes historiques
(*La Saint-Barthélemy* et le *Massacre de Henri IV*) publiés par *Odieuvre*.

208. MÉMOIRES de messire Philippes de Mornay, seigneur du
Plessis Marli, contenans divers discours, instructions, lettres
et depesches par lui dressées depuis l'an 1572 jusques à l'an
1589. *A La Forest, par Jean Bureau*, 1624-1625, 2 vol. —
Mémoires de Philippes de Mornay… depuis l'an 1600 jusques
à l'an 1623. A la fin est adiouste un supplément des pièces qui
ont été omises dans les deux volumes des mémoires cy-devant
imprimés. *A Amsterdam, chez Louis Elzévier*, 1651-1652, 2 vol. —
Histoire de la vie de messire Philippes de Mornay, seigneur
du Plessis Marly, etc. *A Leyde, chez Bonav. et Abr. Elzévier*, 1647,
1 vol. — Ens. 5 vol. in-4, vélin blanc à recouv. (*Rel. anc.*).

Ces ouvrages, sortant de trois imprimeries différentes, se complètent
l'un par l'autre.

209. MÉMOIRES de Monsieur Deagent, envoyez à Monsieur le cardinal de Richelieu, contenans plusieurs choses particulières et remarquables arrivées depuis les dernières années du Roy Henry IV, iusques au commencement du ministère de Monsieur le cardinal de Richelieu. *A Grenoble, chez Philippes Charvys*, 1668, in-12, mar. rouge, fil., dos orné, dent. int., tr. dor. (*Rel. anc.*).

Mémoires curieux, composés pour le Cardinal de Richelieu, renfermant des particularités peu connues sur des intrigues de cabinet et sur des affaires secrètes.

210. MÉMOIRES de Monsieur de Montrésor. Diverses pièces durant le ministère du cardinal de Richelieu. Relation de Monsieur de Fontrailles. Affaires de Messieurs le comte de Soissons, ducs de Guise et de Bouillon, etc. *A Leyde, chez Jean Sambix le jeune*, 1665-1667, 2 vol. pet. in-12, mar. rouge, fil., chiffre au dos, tr. marb. (*Rel. anc.*).

Exemplaire aux armes de Jacques Nicolas **Colbert**, *abbé du Bec*.
Édition imprimée à Bruxelles par Foppens. Elle se joint à la collection elzévirienne.

211. MÉMOIRES d'Estat, contenans les choses plus remarquables arrivées sous la Régence de la Reyne Marie de Médicis, et du Règne de Louis XIII (par le maréchal Annibal d'Estrées). *A Paris, chez Denis Thierry*, 1666, pet. in-12, mar. rouge jans., dent. int., tr. dor. (*Trautz-Bauzonnet*).

Joli exemplaire.
Mémoires publiés par le P. *Pierre Le Moyne*, jésuite.

212. MÉMOIRES d'Estat, par Monsieur de Villeroy, conseiller d'Estat et secrétaire des commandemens des rois Charles IX, Henry III, Henry IV et de Louis XIII, à présent régnant. *A Sédan, Jouxte la copie imprimée à Paris, par Jean Houzé*, 1622-1625, 4 vol. pet. in-8, mar. rouge jans., dent int., tr. dor. (*Trautz-Bauzonnet*).

Première édition de ces mémoires publiés par *Auger de Mauléon* et *Du Mesnil Basire*.

2ı3. MÉMOIRES d'Estat, recueillis de divers manuscrits, en suite de ceux de monsieur de Villeroy, vivant conseiller d'Estat, et secrétaire des commandemens des rois Charles IX, Henry III, Henry IV et Louis XIII. *A Paris, par la Compagnie des libraires*, 1662-1663, 4 vol. in-12, mar. rouge, fil., dos orné, dent. int., tr. dor. (*Rel. anc.*).

Bel exemplaire relié par *Derome*.

2ı4. MÉMOIRES du mareschal de BASSOMPIERRE, contenant l'histoire de sa vie et de ce qui s'est fait de plus remarquable à la cour de France pendant quelques années. Reveus et corrigés en cette nouvelle édition. *A Cologne, chez Pierre Du Marteau*, 1666, 2 vol. pet. in-12, réglés, portrait, mar. rouge, fil., dos orné, doubl. de mar. rouge, dent. int., tr. dor. (*Rel. anc.*).

Joli exemplaire dans une charmante reliure doublée.

Edition très estimée copiée textuellement sur la précédente édition originale des Mémoires, donnée par les Elzévier en 1665. Willems. *Les Elzévier*. N° 891.

2ı5. MÉMOIRES d'un favory de son altesse royalle, Monsieur le duc d'Orléans (DE BOIS D'ANNEMETS ou D'ALMAY). *A Leyde, chez Jean Sambix, (Bruxelles, L. Marchant)*, 1668, pet. in-12 réglé, mar. rouge, fil., dos orné, dent. int., tr. dor. (*Rel. anc.*).

EDITION ORIGINALE de ces curieux mémoires qui peuvent servir d'introduction à ceux de Montrésor et qui renferment plusieurs secrets touchant Monsieur de 1608 à 1626, et les démélés que le Duc d'Orléans eut avec son frère et le Cardinal de Richelieu.

2ı6. MÉMOIRES particuliers pour servir à l'histoire de France, sous les règnes de Henri III, Henri IV, sous la Régence de Marie de Médicis, et sous Louis XIII. *A Paris, chez Didot*, 1756, 4 tomes en 3 vol. in-12, mar. rouge, encad. de fil. et dent., dos orné, dent. int., tr. dor. (*Rel. anc.*).

Bel exemplaire dans une jolie reliure.

Tome I. Mémoires du duc d'Angoulême. — Tome II. Mémoires du duc d'Estrées. — Tome III. Mémoires de Déageant. — Tome IV. Mémoires du duc d'Orléans.

Ces mémoires ont été rédigés par *El. Algay de Martignac*.

217. MÉMOIRES pour servir à l'histoire de France (par Pierre de L'ESTOILE) contenant ce qui s'est passé de plus remarquable dans ce royaume depuis 1515 jusqu'en 1611. *A Cologne, (Bruxelles), chez les héritiers de Herman Demen*, 1719, 2 vol. in-8, front. et portraits, mar. rouge, fil.. dos orné, dent. int., tr. dor. (*Rel. anc.*).

218. NÉGOCIATIONS (Les) de Monsieur le Président JEANNIN. *A Paris, chez Pierre Le Petit*, 1656, in-fol., portrait, mar. rouge, dent., encad. de 3 fil., fleurs de lis aux angles, tr. dor. (*Rel. anc.*).

TRÈS RARE en cette condition.

219. NÉGOCIATIONS (Les) de Monsieur le Président JEANNIN. *Jouxte la copie de Paris, chez Pierre Le Petit (Amsterdam, Ravestein ?)* 1659, 2 vol. pet. in-12, portrait, mar. vert, dent., dos orné, dent. int., tr. dor. (*Rel. anc.*).

Bel exemplaire de cette édition qui se joint à la collection des *Elzévier*.

220. RECUEIL de quelques discours politiques escrits sur diverses occurences des affaires et guerres estrangères depuis quinze ans en ça. (par Henri duc de ROHAN) *S. l.* 1643, pet. in-8, vcau marb., fil., dos orné, tr. marb. (*Rel. anc.*).

ÉDITION ORIGINALE très rare.
Exemplaire aux armes de LOUIS JOSEPH de Bourbon, dit le prince de Condé.

221. RECUEIL des pièces les plus curieuses qui ont esté faites pendant le règne du connestable M. de Luyne. Quatriesme édition augmentée des pièces les plus rares de ce temps. *S. l. (Paris)*, 1628, pet. in-8, mar. vert, fil., dos orné, dent., int. tr. dor. (*Rel. anc.*).

Cette édition renferme : *Le Quatrain contre les Jésuites, le Mot à l'oreille* et *la France mourante*, pièces attribuées à l'Evêque de Luçon, depuis cardinal de Richelieu.

222. RELATION de la fin qu'a faict Henri II du nom, duc de Montmorency et Damville, premier baron, admiral et maré-

chal de France, chevalier des Ordres du Roi, etc., gouverneur
et Lieutenant Général pour Sa Majesté au pays de Languedoc,
comte de Dammartin et vicomte de Melun, etc. baron, etc. de
l'Isle-Adam, etc. de Chantilly, etc. le 30 octobre, à 2 heures
après midy, à Tolose, l'an 1632. Ad majorem Dei gloriam.
Imprimée par G. E. J. Montmorency, Albert-Luynes. *A Dampierre*, 1803, in-4 de 37 pp. mar. bleu, chiffre aux angles, dos
fleurdelisé, dent. int., tr. dor. (*Belz-Niédrée*).

Exemplaire aux armes de Paul d'Albert de Luynes, Duc de Chaulnes.
Plaquette très rare, tirée à petit nombre et imprimée par *G. E. J. de
Montmorency, duchesse de Luynes*, en son château de Dampierre.

---

223. RICHELIEU (Cardinal de). — L'histoire du cardinal duc
de Richelieu, par le sieur Aubery. *A Cologne, chez Pierre Du
Marteau*, 1666, 2 vol. pet. in-12, mar. vert, fil., dos orné, dent.
int., tr. dor. (*Rel. anc.*).

Edition imprimée à Amsterdam par Daniel Elzévier.
Reliure de *Derome*.

224. — Histoire du ministère d'Armand Jean Du Plessis, cardinal duc de Richelieu, sous le règne de Louys le Juste, XIII
du nom, roy de France et de Navarre (par Charles Vialart, dit
de Saint-Paul). *A Amsterdam, chez Abraham Wolfganck*, 1664,
3 vol. in-12, portrait, mar. vert, fil., dos orné, dent. int., tr.
dor. (*Rel. anc.*).

Cet ouvrage fut condamné au feu par arrêt du Parlement, en date du
11 mai 1650.
Jolie édition qui se joint à la collection des *Elzévier*.
Reliure de *Derome*.

225. — Journal de Monsieur le cardinal duc de Richelieu qu'il
a faict durant le grand orage de la cour en l'année 1630 et 1631,
tiré des mémoires écrits de sa main. Avec diverses autres
pièces remarquables, qui sont arrivées en son temps. *S. l.* 1649,
pet. in-8, veau fauve, fil., dos orné. dent. int. tr. dor. (*Belz
Niédrée.*)

Recueil curieux relatant les persécutions que la Reine-Mère et Monsieur essuyèrent de ce Ministre, ainsi que les circonstances de la mort de plusieurs grands sacrifiés au vindicatif ressentiment du cardinal.

Exemplaire ayant appartenu à RASPAIL.

226. — Mémoires de Mr. de MONTCHAL, archevêque de Toulouse, contenant des particularitez de la vie et du ministère du cardinal de Richelieu. *A Rotterdam, pour Gaspar Fritsch,* 1718, 2 vol. in-12, mar. rouge, fil., dos orné, dent., int., tr. dor. (*Rel. anc.*).

Bel exemplaire.

L'auteur de ces mémoires accuse le cardinal de Richelieu d'avoir visé au patriarchat du royaume.

227. — Recueil de huit pièces relatives au cardinal de Richelieu. Un vol. in-4, vélin (*Rel. anc.*).

L'ambassadeur chimérique ou le chercheur de duppes du cardinal de Richelieu. 1635, 56 pp. — *Très humble, très véritable et très importante remonstrance au Roy. S. d.* 134 pp. — *L'Examen désintéressé de quatre docteurs de Paris, touchant la validité des mariages des princes présomptifs héritiers de la coronne de France,* 1635, 17 pp. — *Copie d'une lettre envoyée de Paris à Londres en datte du premier du courant, touchant la fièvre et resveries du cardinal de Richelieu,* 1636, 7 pp. — *Discours sur l'heureuse réduction de Bouchain à l'obéissance du Roy,* 1633, 16 pp. — *L'Introibo du cardinal de Richelieu à l'usage de l'Eglise gallicane.* 1636, 16 pp. — *L'Estat des affaires de France, descouvert par la lettre d'un conseillier de la cour de Parlement de Paris à un thrésorier de la généralité d'Amiens, interceptée entre Beauvais et Clermont.* 1636, 28 pp. — *Manifeste pour la justice des armes des princes de la Paix.* 1641, 26 pp.

228. — Recueil de satires sur le cardinal de Richelieu. Sept pièces en 1 vol. in-4, mar. bleu, chiffre aux angles, dent. int., tr. dor. (*Trautz-Bauzonnet.*)

L'impiété sanglante du cardinal de Richelieu. Imprimé à Envers., s. d. 8 pp. — *Sur l'enlévement des reliques de Sainct Fiacre, apportées de la ville de Meaux, pour la guérison du cul de M. le Cardinal de Richelieu. En Anvers,* 1643, 11 pp. — *Breviere ou psaultier du cardinal duc de Richelieu. Les commandemens de Dieu de l'édition du Cardinal. s. d.,* 8 pp. — *Le Thrésor des épitaphes pour et contre le cardinal. Imprimé par I. I. à Anvers. s. d.* 16 pp. — *L'ombre du Grand Armand, par De Scudéry. A Paris, chez Pierre Anguerrand,* 1643, 11 pp. — *Dialogue du cardinal de Richelieu vou-*

lànt entrer en Paradis et sa descente aux enfers, tragi-comédie. A Paris,
1643, 14 pp. — La Farce du cardinal aux enfers, suivant la commédie
imprimée à Envers. s. d. 4 pp.
Recueil fort rare.
Bel exemplaire au chiffre du comte Roger, du Nord.

229. —Testament politique du cardinal duc de Richelieu. Avec des
observations politiques de M. l'abbé de S. Pierre, qui parois-
sent pour la première fois dans cette édition. Huitième édition
revue, corrigée et augmentée d'observations historiques. *A*
Amsterdam, chez les Janssons, à Waesberge, 1738, 2 vol. in-12,
veau fauve, pièces d'armoiries au dos, tr. rouges (*Rel. anc.*).

Exemplaire portant, au dos des reliures, les macles et les mouche-
tures d'hermine, le tout couronné. Ce sont les pièces des armes de
CHARLES **de Rohan, Prince de Soubise,** *maréchal de France.* Les livres
reliés spécialement pour lui se reconnaissent à cette particularité.

230. VIE de Marie de Médicis, princesse de Toscane, reine de
France et de Navarre (par Mme THÏROUX D'ARCONVILLE). *A Paris,*
chez Ruault, 1774, 3 vol. in-8, portrait par Pourbus, mar. rouge,
fil., fleurons aux angles, dos orné, dent. int., tr. dor. (*Rel. anc.*)

Bel exemplaire dans une très fraîche reliure aux armes de MARIE
JOSÉPHINE LOUISE **de Savoie, Comtesse de Provence.**

231. AMOURS d'Anne d'Autriche (Les), épouse de Louis XIII,
avec M. le cardinal de Richelieu, le véritable père de Louis XIV,
roi de France. Nouvelle édition revue et corrigée. *A Londres,*
au dépens de la Compagnie, 1738, pet. in-12, front. gravé, mar.
rouge, fil., dos orné, dent. int., tr. dor. (*Rel. anc.*).

Dans les éditions parues depuis 1696, on a remplacé dans le titre les
lettres initiales *M. le C. de R.* par *M. le cardinal de Richelieu.* Ce change-
ment est d'autant plus absurde que le libelle contredit cette assertion.
Le personnage désigné par ces initiales n'a jamais été connu ; ce qui
permet toutes les suppositions.
Bel exemplaire relié par *Derome.*

232. THRÉSOR d'histoires admirables et mémorables de nostre temps, recueillies de plusieurs autheurs, mémoires et avis de divers endroits. Mises en lumière par Simon GOULART, Senlisien. *A Genève, pour Samuel Crespin*, 1620-1624, 4 vol. in-12, veau marb., fil., dos orné, tr. rouges. (*Rel. anc.*).

> Exemplaire aux armes de **Madame de Pompadour**.
> Recueil curieux et amusant.

LOUIS XIV (1645-1715)

233. ADVIS fidelle aux véritables Hollandois touchant ce qui s'est passé dans les villages de Bodegrave et Swammerdam, et les cruautés inoüies que les François y ont exercées. Avec un mémoire de la dernière marche de l'armée du Roy de France en Brabant et en Flandre. (Par Abr. de WICQUEFORT). S. *l.* (*La Haye, Steucker*), 1673, in-4, mar. La Vall. fil. à froid, dent. int., tr. dor. (*Lortic*).

> Bel exemplaire non rogné.
> L'ouvrage est orné de 8 grandes et curieuses planches, gravées par *Romain de Hooghe*, représentant les excès commis en Flandre par les troupes de Louis XIV.

234. AFFAIRES extraordinaires depuis le 20 septembre 1703 (jusqu'en 1708). Manuscrit de 184 ff. In-fol. mar. rouge, large dent., pièces d'armoiries au dos, tr. dor. (*Rel. anc.*).

> Manuscrit d'une bonne écriture du xviiie siècle dans une reliure aux armes de JEAN-FRANÇOIS **Desmaretz, marquis de Maillebois**.
> Cet intéressant manuscrit renferme les comptes, dépenses, taxations, etc., qui concernent les directeurs généraux des vivres et étapes, les marches communes de Poitou et de Bretagne, les contrôleurs des mesures et porteurs de charbon à Paris, etc., etc.

235. APOLOGIE de Louis XIV et de son conseil sur la révocation de l'édit de Nantes, pour servir de réponse à la lettre d'un patriote (Antoine Court) sur la tolérance civile des protestans de France, avec une dissertation sur la journée de la S. Barthélemy (par l'abbé J. Novi de Cavairac). *S. l.*, 1758, in-8, mar. rouge, large dent. à petits fers, dos orné, dent., int., tr. dor. (*Rel. anc.*).

> Exemplaire en GRAND PAPIER aux armes de GILBERT de Montmorin de Saint Hérem, *évêque de Langres.*
> Riche reliure à dentelles, du xviiie siècle.

236. ART d'assassiner les Rois (L') enseigné par les Jésuites à Louis XIV et à Jacques II, où l'on découvre le secret de la dernière conspiration formée à Versailles le 3 de septembre 1695 contre la vie de Guillaume III, roy de la Grand'Bretagne et découverte à Withall le 2 mars 1696. *A Londre, chez Thomas Fullher*, 1696, pet. in-12 réglé, mar. bleu, fil. et large dent., dos orné, dent. int., tr. dor. (*Rel. anc.*).

> Joli exemplaire dans une charmante reliure de *Derome*, dont l'étiquette se trouve à l'intérieur du volume.
> Pamphlet dirigé contre Louis XIV ; l'auteur l'accuse d'avoir voulu faire assassiner Guillaume III et de soutenir Jacques II.

237. COUR de Momus (La) et le Jardin de Mars en Europe ; orné des emblèmes politiques, de l'état présent de la guerre, expliqué par des vers historiques et satyriques, par R. I. Recueilli et donné au public. *A Paris, chez Louis Lis défleuri, au monarque tombant, s. d.* (*Bruxelles*, 1707), in-fol. vélin blanc. (*Rel. anc.*).

> Satires en vers français et hollandais, dirigées contre Louis XIV, sa cour, ses maîtresses, ses ministres, etc.
> Le volume est orné de 57 caricatures gravées en taille douce, dont quelques-unes peuvent être attribuées à *Romain de Hooghe.*

238. ESTAT de la France, comme elle estoit gouvernée en l'an M.DC.XLVIII, où sont contenues diverses remarques et particularitez de l'histoire de nostre temps. *S. l.* 1649, in-18, de 188 pp., mar. rouge jans., dent. int., tr. dor. (*Trautz-Bauzonnet*).

239. ETAT de la France, dans lequel on voit tout ce qui regarde

le gouvernement ecclésiastique, le militaire, la justice, les finances, le commerce, les manufactures, le nombre des habitans, et en général tout ce qui peut faire connaître à fond cette monarchie, par M. le comte de BOULAINVILLIERS. *A Londres, chez T. Wood et S. Palmer,* 1737, 6 vol. in-12, portraits et carte, veau marb. fil., dos orné, tr. rouges. (*Rel. anc.*).

Etat de la France pendant les années 1698, 1699 et 1700.
Exemplaire aux armes de DANIEL-FRANÇOIS de **Gélas de Voisins d'Ambry, dit le comte de Lautrec.**

240. HÉROS de la Ligue (Les) ou la procession monacale conduitte par Louis XIV pour la conversion des protestans de son royaume. *A Paris, chez père Peters, à l'enseigne de Louis le Grand, s. d.* in-4, mar. bleu à longs grains, fil., dos orné, dent. int., tr. dor.

Bel exemplaire de ce volume publié en Hollande. Il est composé d'un titre gravé, de 24 figures gravées à la manière noire, dans lesquelles on a travesti d'une manière grotesque différents personnages qui jouèrent les premiers rôles dans l'affaire de la Révocation de l'édit de Nantes.
Le dernier feuillet, également gravé, contient un sonnet.

241. HISTOIRE de l'avènement de la Maison de Bourbon au trône d'Espagne, par M. TARGE. *A Paris, chez Saillant et Nyon,* 1772, 6 vol. in-12, mar. rouge, fil., fleurs de lis aux angles et au dos, dent. int., tr. dor. (*Rel. anc.*).

Bel exemplaire dans une reliure très fraîche aux armes de **Louis XV.**

242. HISTOIRE de la guerre de Guienne, commencée sur la fin du mois de septembre 1651 et continuée jusqu'à l'année 1653. *A Cologne, chez Corneille Egmond (Hollande),* 1694, in-12, mar. La Vall. jans., dent. int., tr. dor. (*Cuzin*).

Cette histoire qui constitue les *Mémoires du lieutenant-général Balthasard* est fort rare.
Bel exemplaire.

243. HISTOIRE de Louis de Bourbon, second du nom, prince de Condé, premier prince du sang, surnommé le Grand. Ornée de

plans de sièges et de batailles, par M. Désormeaux. *A Paris,
chez Saillant,* 1766-1768, 4 vol. in-12, portrait gravé par Gaucher,
cartes et plans, mar. rouge, fil., fleurons aux angles, dos orné,
dent. int., tr. dor. (*Rel. anc.*).

Exemplaire EN GRAND PAPIER.
Les armes primitivement frappées sur les plats des reliures ont été
remplacées par un mélange composé d'armoiries de la maison de
Condé.

244. HISTOIRE des troubles des Cévennes ou de la guerre des
Camisards sous le règne de Louis le Grand. Tirée de manuscrits secrets et authentiques et des observations faites sur les
lieux mêmes par l'auteur du Patriote françois et impartial. *A
Villefranche, chez Pierre Chrétien,* 1760, 3 vol. in-12, carte, mar.
violet, fil., dent. int., tr. dor. (*Hans Asper*).

Ouvrage rédigé par *Court de Gébelin*, d'après les manuscrits de son
père. Ant. Court.

245. HISTOIRE des variations des églises protestantes, par
messire Jacques Bénigne Bossuet. *A Paris, chez la veuve de Séb.
Mabre-Cramoisy,* 1688, 2 vol. in-4 réglés, mar. rouge, fil., dos
orné, dent. int., tr. dor. (*Rel. anc.*).

EDITION ORIGINALE.

246. HISTOIRE du traité de Westphalie, ou des négociations
qui se firent à Munster et à Osnabrug, pour établir la paix entre
toutes les puissances de l'Europe. Composée principalement sur
les mémoires de la cour et des plénipotentiaires de France, par
le Père Bougeant. *A Paris, chez P. J. Mariette,* 1744, 6 vol. in-12,
mar. rouge, fil., fleurs de lis et dauphins aux angles et au dos,
dent. int., tr. dor. (*Rel. anc.*).

Exemplaire aux armes de **Louis-Auguste, Dauphin,** qui devint *Louis XVI.*
Le second plat de la reliure du premier volume a été restauré.

247. HISTOIRE des négociations et du traité des Pyrénées (par
Luc d'Esnans de Courchetet). *A Amsterdam, chez Guy, et se*

trouve à Paris, chez Briasson. 1750, 2 vol. in-12, mar. citron, fil., dos orné, dent. int., tr. dor. *(Rel. anc.).*

Exemplaire aux armes de **Madame Sophie**, *fille de Louis XV.*

248. HISTOIRE du temps (L') ou le véritable récit de tout ce qui s'est passé dans le Parlement depuis le mois d'Aoust 1647 jusques au mois de novembre 1648. Avec les harangues et les advis différends qui ont esté proposez dans les affaires qu'on y a solennellement traittées. *S. l.* 1649. — JOURNAL contenant ce qui s'est fait et passé en la cour de Parlement de Paris, toutes les Chambres assemblées et autres lieux; sur le sujet des affaires du temps présent ès années 1648 et 1649. *A Paris, chez Gervais Alliot,* 1649. — PROCEZ-VERBAUX des deux conférences : la première tenue à Ruel le dernier jour de février et autres jours suivans, entre les députez du Roy et les députez du Parlement et des autres compagnies souveraines ; la seconde tenue à S. Germain en Laye le 16 jour de mars et autres suivans 1649, entre les députez du Roy et ceux du Parlement et des compagnies souveraines de la ville de Rouen. *A Paris, par les imprimeurs ordinaires du Roy,* 1649. — Ens. un vol. in-4, veau marb., fil., chiffre au dos, dent. int., tr. dor. *(Rel. anc.).*

Exemplaire aux armes de CHARLES-HENRI, **comte d'Hoym.**

249. HISTOIRE du traité de paix de Nimègue, suivie d'une dissertation sur les droits de Marie-Thérèse d'Autriche, reine de France, et des pièces justificatives (par Luc d'ESNANS DE COURCHETET). *A Amsterdam, chez Guy, et se vend à Paris, chez Briasson,* 1754, 2 vol. in-12, mar. citron, fil., dos orné, dent. int., tr. dor. *(Rel. anc.).*

Exemplaire aux armes de **Madame Sophie**, *fille de Louis XV.*

250. JOURNAL contenant tout ce qui s'est fait et passé en la cour de Parlement de Paris, toutes les chambres assemblées, sur le sujet des affaires du temps présent. *A Paris, chez Gervais Alliot,* 1648. — PROCÈS-VERBAUX des deux conférences : la pre-

mière tenue à Ruel le dernier jour de février et autres suivans
entre les députez du Roy et les députez du Parlement et des
autres compagnies souveraines; la seconde tenue à S. Germain
en Laye le 16 jour de mars et autres suivans, 1649, entre les
députez du Roy et ceux du Parlement et des compagnies souveraines de la ville de Rouen. *A Paris, par les imprimeurs ordinaires du Roy*, 1649. — Ens. 1 vol. in-4, mar. rouge, large
dent., dos orné, dent. int., tr. dor. (*Rel. anc.*).

Exemplaire dans une très fraîche reliure aux armes de Louis-Henri
de Gondrin de Pardaillan, duc d'Antin, *fils unique du marquis et de la marquise de Montespan.*

251. JOURNAL des délibérations tenues en Parlement, toutes
les chambres assemblées et à l'Hostel d'Orléans, depuis le
5 d'aoust 1650 jusques à présent, où ont assisté monseigneur
le duc d'Orléans, messieurs de Beaufort, de L'Hospital, de
Brissac et le Coadjuteur, touchant l'éloignement du cardinal
Mazarin, la guerre de Bourdeaux et l'affaire de messieurs les
Princes; avec les harangues faites sur ce sujet par messieurs
les présidents et conseillers, et les arrests donnez en conséquence. *S. l.* 1650, in-4 de 15 pp., mar. La Vall., dent. int., tr.
dor. (*Belz-Niédrée.*)

252. JUSTIFICATION des lettres patentes de Louis XIV
données à Versailles au mois de mars 1713 et régistrées au
Parlement le 15 du même mois qui déclarent Philippe V, roy
d'Espagne et ses descendans exclus de la couronne de France.
Manuscrit de 53 pp., in-fol. mar. vert, large dent., dos orné,
doubl. de mar. rouge, dent., tr. dor. (*Rel. anc.*)

Copie manuscrite en belle bâtarde du xviiie siècle.
Reliure fatiguée.

253. LETTRES de Madame de S*** (Sévigné) à Monsieur de Pom-
ponne. *A Amsterdam, (Paris)*, 1756, in-12, de 73 pp., veau
marb., dos orné, tr. rouges (*Rel. anc.*)

Première édition de ces onze lettres dans lesquelles est raconté le
procès de Fouquet.
Bel exemplaire de ce rare volume.

254. LETTRES de messire Roger de RABUTIN, comte de Bussy, avec les réponses. Nouvelle édition, où l'on a inséré les trois volumes de nouvelles lettres publiez en 1709 et rangé toutes les lettres suivant l'ordre chronologique. *A Amsterdam, chez J. Chatelain et fils*, 1752, 6 vol. in-12, portrait, mar. rouge à longs grains, encad. de fil. et dent., dos orné, dent. int., tr. dor.

> Bel exemplaire dans une jolie reliure.

255. LETTRES, mémoires et négociations de Monsieur le comte d'ESTRADES, tant en qualité d'ambassadeur de S. M. T. C. en Italie, en Angleterre et en Hollande, que comme ambassadeur plénipotentiaire à la paix de Nimègue, conjointement avec messieurs Colbert et comte d'Avaux; avec les réponses du Roi et du Secrétaire d'État. Ouvrage où sont compris l'achat de Dunkerque et plusieurs autres choses intéressantes. Nouvelle édition dans laquelle on a rétabli tout ce qui avait été supprimé dans les précédentes. *A Londres, (La Haye), chez J. Nourse*, 1743, 9 vol. in-12, mar. citron, fil., dos orné, dent. int., tr. dor. (*Rel. anc.*).

> Exemplaire aux armes de **Madame Sophie**, *fille de Louis XV.*
> Édition donnée par *Prosper Marchand.*

---

256. LOUIS XIV. — Histoire de la vie et du règne de Louis XIV, roi de France et de Navarre, rédigée sur les mémoires de feu M. le comte de *** (attribuée au P. La Mothe, dit La Hodde, jésuite). Publiée par Bruzen de La Martinière. *A La Haye, chez Jean Van Duren*, 1740-1742, 5 vol, in-4, figures, mar. rouge, fil., dos orné, dent. int., tr. dor. (*Rel. anc.*).

257. — Histoire de Louis XIV, depuis la mort du cardinal Mazarin en 1661, jusqu'à la paix de Nimègue en 1678, par M. PELLISSON. *A Paris, chez Rollin*, 1749, 3 vol. in-12, mar.

rouge, dent. à petits à petits fers, dos orné, dent. int., tr. dor.
(*Rel. anc.*).

Exemplaire aux armes de Louis Phélypeaux, **comte de S¹-Florentin, Duc
de la Vrillière.**
Très jolie reliure.

258. — Histoire du règne de Louis XIV, surnommé le Grand,
roy de France, par M. Reboulet. *A Avignon, chez François
Girard*, 1746, 9 vol. in-12, mar, citron, fil., dos orné, dent.
int., tr. dor. (*Rel. anc.*).

Exemplaire aux armes de **Madame Sophie**, *fille de Louis XV*.
Reliure très fraîche.

259. — Médailles sur les principaux événemens du règne de
Louis le Grand, avec des explications historiques (par Charpentier, Tallemant, Racine, Boileau, etc.), *A Paris, de l'Imp.
royale*, 1702, in-fol. mar. rouge, fil., chiffre au ·dos, dent. int.,
tr. dor. (*Rel. anc.*).

Exemplaire du PREMIER TIRAGE aux armes de **Louis XIV**, avec la préface qui manque généralement.
Ce livre est rendu intéressant par sa riche ornementation : toutes les
pages sont comprises dans de larges bordures avec arabesques qui
sont l'œuvre de *Bérain*.

260. — Mémoires pour servir à l'histoire de Louis XIV, par feu
M. l'abbé de Choisy, de l'Académie françoise. *A Utrecht, chez
Van de Water*, 1727, 2 tomes en 1 vol. in-12, mar. rouge, fil.,
dos orné, dent. int., tr. dor. (*Rel. anc.*).

---

261. MAZARIN (Cardinal). — Histoire du ministère du cardinal
Mazarin. Traduite de l'italien du comte Galeazzo Gualdo Prio-
rato. *A Paris, chez Charles de Sercy*, 1672, 2 vol. in-12 réglés,
portrait, mar. rouge, comp. de fil. à la Du Seuil, dos orné,
dent. int., tr. dor. (*Rel. anc.*).

262. — Jugement de tout ce qui a esté imprimé contre le cardinal Mazarin, depuis le sixième janvier, jusques à la déclaration

du premier avril 1649 (par Gabriel Naudé) *S. l.*, (*Paris*), *s. d.*, in-4 réglé de 718 pp., mar. rouge, comp. de fil. à la Du Seuil, dos orné, dent., int., tr. dor. (*Rel. anc.*)

Exemplaire en grand papier, avec la table dressée par l'abbé de Saint-Léger et imprimée par les soins de Méon.

Cet ouvrage, plein d'érudition, est connu sous le nom de *Mascurat*, l'un des interlocuteurs que Naudé introduit dans ses dialogues.

263. — L'Alcoran de Louis XIV ou le Testament politique du cardinal Jules Mazarin. Traduit de l'italien. *Roma, in casa di Ant. Maurino*, (*Hollande*), 1695, pet. in-12, mar. vert à longs grains, encad. de fil., large bande dorée, fleurons aux angles, dos orné, doubl. et gardes de tabis rose, dent. int. tr. dor. (*Simier*).

Ouvrage satirique rare qui est attribué à *Gatien Sandras de Courtilz*. Joli exemplaire ayant appartenu à Viollet le Duc.

264. — Lettres du Cardinal Mazarin, où l'on voit le secret de la négociation de la paix des Pyrénées, et la relation des conférences qu'il a eües pour ce sujet avec D. Loüis de Haro, ministre d'Espagne. *A Amsterdam, chez Henri Wetstein*, 1693, 2 parties en 1 vol, in-12, veau fauve, pièces d'armoiries au dos, tr. rouges (*Rel. anc.*).

Exemplaire aux armes d'Emmanuel Félicité de Durfort, duc de Duras. Ces lettres ont été publiées par l'abbé *L. J. C. Soulas d'Allainval.*

---

265. MÉMOIRE du procès extraordinaire contre Madame de Brinvilliers et de La Chaussée, valet de Monsr. Sainte-Croix, pour raison des empoisonnemens des diverses personnes. Avec la défension de l'arrest de la Cour donné contre la dite dame, du 16 juillet 1676. *Suivant la copie de Paris, à Amsterdam, chez Henry et Théodore Boom*, 1676, pet. in-12, mar. tête de nègre, doubl. de mar. rouge, encad. de fil. et dent., tr. dor. (*Thibaron-Joly*).

Ce volume qui se joint à la collection des *Elzévier* est extrêmement rare.

L'arrest contre dame Marguerite d'Aubray, espouse du sieur marquis de Brinvilliers a un titre particulier.

Charmante reliure de *Thibaron-Joly*.

266. MÉMOIRES anecdotes de la cour et du clergé de France, par le sieur Jean-Baptiste Denis cy-devant secrétaire de M. l'Évêque de Meaux (M. de Bissy) avec l'histoire du différend du Cardinal de Noailles avec les évêques de Luçon et de La Rochelle, et les jésuites. *A Londres, (Hollande),* 1712, pet. in-8, portraits et carte, veau fauve, fil., dos orné, dent. int., tr. dor. (*Kœhler*).

C'est dans cet ouvrage, devenu rare, qu'il est parlé, pour la première fois, d'un prétendu mariage de Bossuet avec Mlle Desvieux de Mauléon.

267. MÉMOIRES (Les) de feu monsieur le duc de Guise. *A Cologne, chez Pierre de La Place. (La Haye, Steucker),* 1668, 2 vol. in-12, mar. bleu, encad. de fil. et dent., dos orné, doubl. et gardes de tabis rouge, dent. int., tr. dor. (*Rel. anc.*).

Superbe exemplaire de Renouard dans une charmante et fraîche reliure de *Derome*.

Ces mémoires ont été rédigés par *Ph. Goibaud Du Bois* et publiés par *Saint-Yon*, secrétaire du Duc de Guise.

Cette édition se joint à la collection des *Elzévier*.

268. MÉMOIRES de Guy Joli, conseiller au chastelet de Paris, de Claude Joli, chanoine de Nostre Dame, et de Madame la duchesse de Nemours. Nouvelle édition augmentée d'une table des matières. *A Genève, chez Fabry et Barillot,* 1751, 3 vol. pet. in-12, veau porph., fil., dos orné, dent. int., tr. dor. (*Rel. anc.*).

Exemplaire aux armes de Anne Marguerite Gabrielle de Beauvau-Craon, duchesse de Mirepoix.

269. MÉMOIRES de la minorité de Louis XIV sur ce qui s'est passé à la fin de la vie de Louis XIII et pendant la Régence d'Anne d'Autriche, mère de Louis XIV (par le duc de La Roche-

Foucauld). *A Villefranche, chez Jean de Paul*, 1688, in-12, réglé, mar. bleu, fil., dos orné, dent. int., tr. dor. (*Rel. anc.*).

Bel exemplaire de cette édition contenant des notes par *Amelot de La Houssaye.*

270. MÉMOIRES de la minorité de Louis XIV, corrigés et augmentés de plusieurs choses fort considérables qui manquent dans les autres éditions. Avec une préface nouvelle qui sert d'indice et de sommaire par M. le duc D. L. R. (La Rochefoucauld). *A Trévoux, aux dépens de la Compagnie*, 1754, 2 vol. pet. in-12, mar. rouge, fil., dos orné, dent. int. tr. dor. (*Rel. anc.*).

Exemplaire aux armes de **Madame Adélaïde,** *fille de Louis XV.*

271. MÉMOIRES de Mademoiselle de Montpensier, fille de Mr. Gaston d'Orléans, frère de Louis XIII, roi de France. *A Amsterdam, chez Jean Frédéric Bernard*, 1730, 6 vol. in-12, mar. rouge, fil., dos orné, dent., int., tr. dor. (*Rel. anc.*).

Bel exemplaire aux armes de Marie-Thérèse **de Savoie, comtesse d'Artois.**

272. MÉMOIRES de Mademoiselle de Montpensier, fille de Gaston d'Orléans, frère de Louis XIII, roi de France. Nouvelle édition où l'on a rempli les lacunes qui étoient dans les éditions précédentes, corrigé un très grand nombre de fautes et ajouté divers ouvrages de Mademoiselle très curieux. *A Amsterdam, chez Wetstein et G. Smith*, 1746, 8 vol. in-12, mar. olive, fleurons aux angles, dos orné, dent. int., tr. dor. (*Chatelin*).

Edition la plus complète et la plus estimée, revue par *Segrais.*

273. MÉMOIRES de Mr d'Artagnan, capitaine-lieutenant de la première compagnie des mousquetaires du Roi, contenant quantité de choses particulières et secrettes qui se sont passées sous le règne de Louis le Grand. *A Cologne, chez Pierre Marteau*, 1701-1702, 3 vol. in-12, veau fauve, fil., dos orné, tr. rouges (*Rel. anc.*).

Exemplaire très bien conservé aux armes du **Marquis de La Mure.** Mémoires intéressants publiés par *Gatien Sandras de Courtilz* et dans lesquels Alexandre Dumas a puisé de nombreux faits qu'il relate dans *les Trois Mousquetaires.*

274. MÉMOIRES de M. D. L. R. (La Rochefoucauld) sur les brigues à la mort de Louis XIII, les guerres de Paris et de Guyenne, et la prison des Princes. *A Cologne, chez Pierre Van Dyck,* 1663, pet. in-12, mar. rouge, encadr. de fil., fleurons aux angles, dos orné, dent. int., tr. dor. *(Allô).*

> Édition imprimée par *Fr. Foppens* de Bruxelles.
> Intéressants mémoires. L'auteur parle beaucoup et souvent de lui.

275. MÉMOIRES de M. de *** (J. B. Colbert, comte de Torcy) pour servir à l'histoire des négociations depuis le traité de Riswick jusqu'à la paix d'Utrecht. *A La Haye, (Paris),* 1756, 3 vol. in-12, mar. rouge, fil., dos orné, dent. int., tr. dor. *(Rel. anc.).*

> Bel exemplaire aux armes de **Louis-Auguste, Dauphin,** qui devint *Louis XVI.*

276. MÉMOIRES de M. de *** pour servir à l'histoire du dix-septième siècle, publiés pour la première fois. *A Amsterdam, chez Arkstée et Merkus,* 1760, 3 vol. in-12, mar. vert, fil., dos orné, dent. int., tr. dor. *(Rel. anc.).*

> Mémoires publiés par *Meusnier de Querlon.*

277. MÉMOIRES (Les) de messire Roger de Rabutin, comte de Bussy (années 1634 à 1666). *A Paris, chez Jean Anisson,* 1696, 2 vol. in-4, portrait, mar. citron, fil., dos orné, dent. int., tr. dor. *(Rel. anc.).*

> Édition originale de ces intéressants mémoires.
> Exemplaire aux armes de **Madame Sophie,** *fille de Louis XV.*

278. MÉMOIRES de Michel de Marolles, abbé de Villeloin, avec des notes historiques et critiques (par C. P. Goujet). *A Amsterdam, (Paris),* 1755, 3 vol. in-12, mar. vert, fil., fleurons aux angles, dos orné, dent. int., tr. dor. *(Rel. anc.).*

> Mémoires curieux, écrits avec facilité et d'un style agréable.

279. MÉMOIRES de Monsieur de Bordeaux, intendant des finances. Par M. G. D. C. (Gatien Sandras de Courtilz). *A Amsterdam, aux dépens de la Compagnie, (Paris, Nyon)*, 1758, 4 vol. in-12, veau marbr., pièces d'armoiries au dos, tr. rouges. (*Rel. anc.*).

Exemplaire aux armes de Emmanuel-Félicité de Durfort, duc de Duras.

280. MÉMOIRES de Monsieur de Gourville, contenant les affaires ausquelles il a été employé par la cour, depuis 1642 jusqu'en 1698. *A Paris, chez Estienne Ganeau*, 1724, 2 vol. in-12, mar. vert, fil., dos orné, dent. int., tr. dor. (*Rel. anc.*).

Bel exemplaire dans une très fraîche reliure de *Derome*.

281. MÉMOIRES de Monsieur L*** (Lenet), conseiller d'Etat, contenant l'histoire des guerres civiles des années 1649 et suivantes, principalement celles de Guienne et autres provinces. *S. l.*, 1729, 2 vol. in-12, mar. rouge, fil., dos orné, dent. int., tr. dor. (*Rel. anc.*).

Mémoires importants pour l'histoire de la maison de Condé.
Fraîche reliure de *Derome*.

282. MÉMOIRES du Cardinal de Retz, contenant ce qui s'est passé de remarquable en France pendant les premières années du règne de Louis XIV. *A Amsterdam, chez J. Frédéric Bernard*, 1731, 4 vol., portrait. — Mémoires de Gui Joly, conseiller au Châtelet, etc., contenant l'histoire de la Régence d'Anne d'Autriche. *Ibid. id.*, 1738-1739, 2 vol. — Mémoires de Madame la Duchesse de Nemours. *S. l. n. d.*, 1 vol.—Ens. 7 vol. in-12, mar. rouge, fil., dos à la grotesque, dent. int., tr. dor. (*Rel. anc.*).

Edition la plus complète et la plus recherchée.
Bel exemplaire.

283. MÉMOIRES du chevalier de Beaujeu, contenant ses divers voyages, tant en Pologne, en Allemagne, qu'en Hongrie avec des relations particulières des guerres et des affaires de ces païs-là, depuis l'année 1679. *A Paris, chez Claude Barbin*, 1698,

in-12, mar. rouge, fil., fleurons aux angles, dos orné, dent. int ,
tr. dor. (*Rel. anc.*).

Exemplaire aux armes de Louis **Phélypeaux, marquis de La Vrillière**.

284. MÉMOIRES du comte de Brienne, ministre et premier
secrétaire d'Etat, contenans les événemens les plus remarquables du règne de Louis XIII et de celui de Louis XIV
jusqu'à la mort du cardinal Mazarin, composés pour l'instruction de ses enfans. *A Amsterdam, chez Jean Fred. Bernard*, 1719,
3 vol. in-12, mar. bleu, encadr. de fil. et dent., dos orné, dent.
int., tr. dor. (*Rel. anc.*).

Bel exemplaire ayant appartenu à Méon.

285. MÉMOIRES du Comte de Brienne, ministre et premier
secrétaire d'Etat, contenans les événemens les plus remarquables du règne de Louis XIII et de celui de Louis XIV
jusqu'à la mort du cardinal Mazarin, ... *A Amsterdam, chez
Jean Fred. Bernard*, 1719, 3 vol. in-12, mar. rouge, fil., dos orné.
dent., int., non rognés (*Chambolle-Duru*).

Bel exemplaire entièrement non rogné.

286. MÉMOIRES du Duc de Navailles et de La Valette, pair et
maréchal de France, et gouverneur de Mgr. le Duc de Chartres.
A Amsterdam, chez Jean Malherbe, 1701, in-12, mar. rouge, fil.,
dos orné, dent. int., tr.. dor. (*Rel. anc.*).

Exemplaire relié par *Derome*.

287. MÉMOIRES et la vie de messire Claude de Létouf, chevalier baron de Sirot, lieutenant général des camps et armées
du Roy, etc., sous les règnes des rois Henri IV, Louis XIII et
Louis XIV. *A Paris, chez Claude Barbin*, 1683, 2 tomes en 1 vol.
pet. in-8, portrait et planche d'armoiries, mar. rouge, fil. et
pet. dent., semis de fleurs de lis sur les plats et le dos, dent.
int., tr. dor. (*Rel. anc.*).

Bel exemplaire dans une très fraîche reliure.
Mémoires curieux publiés par la *comtesse de Pradine*, petite-fille de
Claude de Létouf.

288. MÉMOIRES et réflexions sur les principaux événemens du règne de Louis XIV et sur le caractère de ceux qui y ont eu la principale part, par M. L. M. D. L. F. (le marquis C. A. de LA FARE). Nouvelle édition, où l'on a ajouté quelques remarques. *A Amsterdam, chez J. F. Bernard,* 1749, in-12, mar. vert, fil., dos orné, dent. int., tr. dor. (*Rel. anc.*).

Exemplaire aux armes de BÉATRIX de **Choiseul**, duchesse de **Gramont**.

289. MÉMOIRES pour servir à l'histoire d'Anne d'Autriche, épouse de Louis XIII, roi de France, par Madame de MOTTE-VILLE, une de ses favorites. *A Amsterdam, chez François Chanquion,* 1739, 6 vol. in-12, veau marbr., fil., dos orné, tr. rouges, (*Rel. anc.*).

Exemplaire aux armes de **Madame de Pompadour.**
Édition estimée de ces mémoires dont la rédaction est attribuée à *Blaizot-Desbordes.*

290. MERCURE françois (Le) ou la suitte de l'histoire de la paix commençant l'an 1605, pour suitte du septennaire du D. Cayer (continuée jusqu'en 1635 par J. et Est. RICHER; de 1635-1643 par Eus. RENAUDOT). *A Paris, par Jean Richer,* 1611-1648, 25 vol. in-8, mar. rouge, fil., dos à la grotesque, dent. int., tr. dor. (*Rel. anc.*).

Exemplaire rare en cette condition et cette conservation.

291. MUSE historique (La) ou recueil des lettres en vers, escrites à Son Altesse Mademoiselle de Longueville, par le sieur LORET, année 1650. Livre premier. *A Paris, chez Charles Chenault,* 1656, in-4, portrait, mar. rouge, pet. dent., dos orné, dent. int., tr. dor. (*Rel. anc.*).

Exemplaire aux armes de HENRI II de **Savoie**, dernier **duc de Nemours.**
Première édition collective de la *Muse historique* de Loret.
Ce volume renferme 32 lettres, du 4 mai au 25 décembre 1650, qui n'avaient jamais été imprimées, mais qui étaient distribuées manuscrites par Loret à ses protecteurs.
Provenance rare.

292. NÉGOCIATIONS de Monsieur le comte d'Avaux en Hollande, depuis 1679 jusqu'en 1684. *A Paris, chez Durand*, 1752-1753, 6 vol. in-12, mar. citron, fil., dos orné, dent. int., tr. dor. (*Rel. anc.*).

> Exemplaire aux armes de **Madame Sophie**, *fille de Louis XV*.
> Ouvrage publié par l'abbé *Edme Mallet.*

293. PIÈCES fugitives pour servir à l'histoire de France (de 1546 à 1653), avec des notes historiques et géographiques. *A Paris, chez H. D. Chaubert*, 1759, 3 vol. in-4, veau marb., dos orné, tr. rouges (*Rel. anc.*).

> Recueil recherché publié par *Léon Ménard* sur les pièces fournies en grande partie par M. de Baschi, marquis d'Aubais.

294. RECUEIL de plusieurs pièces servans à l'histoire moderne. *A Cologne, chez Pierre du Marteau, (La Haye)*, 1663, in-12, mar. rouge jans., dent. int. tr. dor. (*Trautz-Bauzonnet*).

> Discours d'une trahison tramée contre le roy Henri IV en 1604. — Négociation faite à Milan avec le feu prince de Condé, en 1609, etc., etc. (de 1604 à 1661).
> Bel exemplaire.

295. RECUEIL des lettres de Madame la marquise de Sévigné à Madame la comtesse de Grignan, sa fille. *A Paris, chez Rollin*, 1735-1737, 6 vol., portrait. — Lettres nouvelles de Madame la marquise de Sévigné à Madame la comtesse de Grignan, sa fille. *A Paris, Desprez*, 1754, 2 vol. — Ens. 8 vol. in-12, mar. rouge, fil., dos orné, dent. int., tr. dor. (*Rel. anc.*).

> Bel exemplaire bien relié.
> Légère différence dans la reliure des deux volumes des *Lettres nouvelles.*

296. RECUEIL en abrégé des actes, titres et mémoires concernant les affaires du clergé de France, contenus en six grands tomes, selon l'édition dernière, et réduits en ce volume, par maistre Thomas Regnoust. Ensemble la relation des délibérations du clergé de France sur les constitutions de nos saints

Pères les papes Innocent X et Alexandre VII. *A Paris, chez George Josse*, 1677. — RELATION des délibérations du clergé de France sur les constitutions de nos SS. Pères les papes Innocent X et Alexandre VII, par lesquelles sont condamnées cinq propositions tirées du livre de Jansenius, intitulé Augustinus. *Ibid., id.*, 1677. — Ens. 1 vol. in-4, mar. rouge, pet. dent. fleurdelisée, dos fleurdelisé, dent. int., tr. dor. (*Rel. anc.*).

Exemplaire aux armes de **Louis XIV**.

297. RENVERSEMENT de la morale chrétienne par les désordres du monachisme. Enrichi de figures. *On les vend en Hollande, s. d. (vers* 1700), 2 parties en 1 vol. in-4, mar. rouge, fil., dos orné, dent. int., tr. dor. (*Rel. anc.*).

Bel exemplaire.
Ce volume est orné d'un frontispice et 50 portraits satiriques gravés à la manière noire, dans le genre de ceux par *Dusart* qui ornent le volume des *Héros de la Ligue*.

298. SEURE (La), l'esclatante et la glorieuse victoire des Bourdelois, malgré la trahison de leurs faux amis, par manière d'épitaphe. Avec deux épitaphes pour monsieur de Chambres leur général. *A Paris*, 1649, in-4 de 15 pp. mar. rouge, dent. int., tr. dor. (*Belz-Niédrée*).

299. SOUPIRS (Les) de la France esclave, qui aspire après la liberté. *A Amsterdam*, 1689, in-4, mar. vert, fil., dos orné, dent. int., tr. dor. (*Rel. anc.*).

Bel exemplaire relié par *Derome*.
Édition en 238 pages renfermant les 15 mémoires attribués à *Jurieu* et à *Michel Le Vassor*.

300. TESTAMENT politique du marquis de Louvois, premier ministre d'Etat sous le règne de Louis XIV, roi de France, où l'on voit ce qui s'est passé de plus remarquable en France jusqu'à sa mort. *A Cologne, chez le politique*, 1695, in-12, mar. bleu, dent. int., tr. dor. (*Belz-Niédrée*).

Pièce supposée, remplie de faussetés et de calomnies. Elle est attribuée par Bayle à l'auteur des *Intrigues galantes des Rois de France*.

3o1. TRAICTEZ de confédération et d'alliance, entre la couronne de France et les princes et estats estrangers. S. l., 1650, pet. in-12, mar. bleu jans., dent. int., tr. dor. (*Cuzin*).

3o2. TRAITÉ des droits de la Reyne très chrétienne sur divers états de la monarchie d'Espagne. *A Paris, de l'Imp. royale*, 1667, in-4, mar. rouge, fil., chiffre au dos, dent. int., tr. dor. (*Rel. anc.*)

> Bel exemplaire en GRAND PAPIER aux armes de **Louis XIV**.
> Ce traité est le premier et le plus important d'une série d'écrits destinés à justifier les prétentions de la France sur le Brabant.

3o3. VIE (La) de Marie de Hautefort, Duchesse de Schomberg, dame d'atours de la Reine Anne-Marie Mauricette d'Autriche, par une de ses amies. Ouvrage imprimé pour la première fois par G. E. J. M. A. L. sur un manuscrit tiré de la bibliothèque de monsieur Beaucousin. Avec une préface et des notes, par J. F. A. O. S. l., an VIII (1799), in-4, mar. bleu, chiffre aux angles, dent. int., tr. dor. (*Belz-Niédrée*).

> Exemplaire aux armes de PAUL **d'Albert de Luynes, Duc de Chaulnes**.
> Ouvrage tiré à petit nombre et imprimé par *G. E. J. de Montmorency, Duchesse de Luynes*, en son château de Dampierre.

3o4. AMOURS des Dames illustres de France, sous le règne de Louis XIV. *A Cologne, chez Pierre Marteau, s. d., (Hollande, vers 1737)*, 2 vol. pet. in-12, figures, mar. vert, fil., dos orné, dent. int., tr. dor. (*Rel. anc.*).

> Édition la plus complète ; elle renferme *l'Histoire amoureuse des Gaules*, par *Bussy-Rabutin*, les *Amours de Mlle de La Vallière*, de *Mme de Bagneux*, de *Mlle de Fontanges*, de *Mme de Maintenon*, etc., etc.
> Exemplaire complet des 15 gravures, y compris le frontispice. Le premier volume est terminé par une lettre de Bussy-Rabutin qui se félicite d'être réfugié en Hollande.
> Reliure bien conservée.

3o5. LOUIS D'OR (Le) politique et galant. *A Cologne, chez Pierre*

Marteau, (Hollande), 1695, pet. in-12 de 84 pp., veau rouge, fil., dos orné, dent. int., tr. dor.

Roman ingénieux écrit en prose, différent du *Louis d'or à Mlle de Scudéry*, avec lequel on l'a souvent confondu.

Bel exemplaire.

306. RELATION historique de l'amour de l'Empereur du Maroc, pour madame la Princesse douairière de Conty, écrite en forme de lettres à une personne de qualité, par M. le comte D***. *A Cologne, chez Pierre Marteau*, 1707, in-18, veau rouge, fil., armoiries sur les plats, dos orné, tr. dor.

Dans cet ouvrage, attribué à Freschot, il s'agit de Madame la Princesse de Conti, fille de Louis XIV et de Mlle de La Vallière. Muley Ismaël, le despote le plus sanguinaire de son temps, devint amoureux de la Princesse, à la vue de son portrait.

Bel exemplaire bien relié de ce livre curieux.

LOUIS XV (1715-1774)

307. ABRÉGÉ du recueil des actes, titres et mémoires concernant les affaires du clergé de France ou table raisonnée en forme de précis des matières contenues dans ce recueil (par l'abbé Marc Du Saulzet. *A Paris, chez Guillaume Desprez*, 1752, in-fol., mar. rouge, fil., armoiries sur les plats, dos orné, dent. int., tr. dor. *(Rel. anc.)*.

Piqûres de ver dans la marge de plusieurs feuillets.

308. **COCHIN** (C. N.). **Histoire de Louis XV, par les médailles**, 1753-1770. In-fol. mar. rouge. monté sur onglets, fil., dos orné, dent. int., tr. dor. *(Chambolle-Duru)*.

Magnifique suite d'estampes destinées à illustrer une histoire de Louis XV par les médailles qui n'a pas été publiée.

Elle se compose de 14 grandes planches, dont 10 sont dessinées par *Cochin* et 4 par *Vien, Lagrenée, Boucher et Hallé.*

Splendides épreuves avec marges, en DOUBLE ÉTAT : **eau forte et épreuve terminée.**

Il manque deux pièces : une eau forte et l'épreuve terminée de la dernière planche qui n'a pas été achevée.

Ensemble 26 estampes.

COLLECTION EXTRÊMEMENT RARE.

309. DISCOURS sur la vie et la mort, le caractère et les mœurs de M. d'Aguesseau, conseiller d'État, par M. d'AGUESSEAU, chancelier de France, son fils. *Au Chasteau de Fresne,* 1720, (*Paris,* 1778), in-8, mar. bleu à longs grains, ornements dorés et à froid, dos orné, dent. int., tr. dor.

La composition typographique de cet ouvrage fut faite par le Président Sarron et sa femme qui avaient installé une imprimerie dans leur hôtel.

Cet ouvrage est très rare, n'ayant été tiré qu'à 60 exemplaires.

Très jolie reliure dans le genre de celles de *Courteval.*

310. EXTRAIT des principaux traitez de paix, depuis 1648 jusques à ce jour (1727). Manuscrit in-fol., mar. rouge, fil., dos orné. dent. int., tr. dor. (*Rel. anc.*).

Important manuscrit du XVIIIe siècle aux armes de ANTOINE-FRANÇOIS **Gondrin de Pardaillan, marquis d'Antin.**

On lit, en tête d'un feuillet de garde, et d'une écriture ancienne : *Ces extraits sont de la main de M. le duc d'Antin qui les avait faits pour son usage personnel. Voyez ce qu'il dit à cet égard au début de l'extrait du traité de Munster* (feuillet 12 du mss.).

311. LA BOURDONNAIS et DUPLEIX. — Mémoire à consulter avec les pièces justificatives, lettres de La Bourdonnais à Dupleix et de Dupleix à La Bourdonnais, etc. *A Paris, de l'Impr. Delaguette,* 1750, in-4, mar. rouge, fil., fleurons aux angles, armoiries au milieu, pièces d'armoiries au dos, dent. int., tr. dor. (*Rel. anc.*).

Important recueil relatif au procès de la compagnie des Indes.
Ce mémoire est de M. *de Gennes,* avocat au Parlement de Paris.
Bel exemplaire.

3i2. LOUIS XV. — Les Fastes de Louis XV, de ses ministres, maîtresses, généraux et autres notables personnages de son règne (par BOUFFONIDOR, attaché au chevalier Jeno, autrefois ambassadeur de Venise en France). *A Ville-Franche, chez la veuve Liberté*, 1782, 2 vol. pet. in-8, mar. vert. fil., dos orné, dent. int., tr. dor. (*Rel. anc.*).

Exemplaire dans une très fraîche reliure.

3i3. — Médailles du règue de Louis XV (par GODONNESCHE) *S. l. n. d. (Paris)*, pet. in-fol. mar. rouge, fil., chiffre au dos, dent. int., tr. dor. (*Rel. anc.*).

Exemplaires aux armes de **Louis XV**, provenant de la Bibliothèque de *Choisy le Roy*.

Frontispice gravé par *Cars*, d'après *Le Moyne*, un cartouche pour le titre non signé et 52 feuilles entourées d'un encadrement historié contenant les reproductions de médailles finement gravées.

3i4. — Médailles du règne de Louis XIV (par G. R. FLEURIMOND) *S. l. n. d., (Paris)*, pet. in-fol. veau jasp., dos orné, tr. rouges (*Rel. anc.*).

Texte gravé. Frontispice par *Le Moyne*, titre gravé et 78 planches de médailles.

3i5. — Monumens érigés en France à la gloire de Louis XV, précédés d'un tableau du progrès des arts et des sciences sous ce règne, ainsi que d'une description des honneurs et des monumens de gloire accordés aux grands hommes, tant chez les anciens que chez les modernes....... par M. PATTE. *A Paris, chez l'auteur*, 1765, in-fol. mar. rouge, encad. de fil., fleurs de lis aux angles et au dos, dent. int., tr. dor. (*Rel. anc.*).

Bel exemplaire aux armes de **Louis XVI**.

Ouvrage illustré d'un fleuron sur le titre, de 2 vignettes, par *Patte*, et de 57 grandes planches dessinées par *Patte, Marvie, Le Carpentier, Boffrand*, etc., représentant la place Louis XV, la Madeleine, les places royales de Bordeaux, de Nancy, de Reims, de Rennes, de Rouen, etc.

3i6. — Vie privée de Louis XV, ou principaux évènemens, particularités et anecdotes de son règne (par MOUFLE D'ANGER-

VILLE). *A Londres, chez John Peter Lyton*, 1781, 4 vol. in-12, portraits, mar. vert, fil., dos orné, dent. int., tr. dor. (*Rel. anc.*).

Bel exemplaire de cet ouvrage curieux.

---

317. MÉMOIRES de la Régence de S. A. R. Mgr. le Duc d'Orléans durant la minorité de Louis XV, roi de France (par le chevalier de PIOSSENS). *A La Haye, chez Jean Van Duren*, 1729, 3 vol. in-12, mar. rouge, fil., dos orné, dent., int. tr. dor. (*Rel. anc.*)

Exemplaire aux armes de **Madame Adélaïde**, *fille de Louis XV.*

318. MÉMOIRES de Madame la Marquise de POMPADOUR, où l'on découvre les motifs des guerres et des traités de paix, les ambassades, les négociations dans les différentes cours de l'Europe....... écrits par elle-même. *A Liége*, 1766, 2 tomes en 1 vol. in-12, mar. rouge, fil., dos orné, dent. int., tr. dor. (*Rel. anc.*).

319. MÉMOIRES de Monsieur l'abbé de MONTGON, publiés par lui-même, contenant les différentes négociations dont il a été chargé dans les cours de France, d'Espagne et de Portugal, et divers évènemens qui sont arrivés depuis l'année 1725 jusqu'à présent (1731). *A Lausanne, chez Marc Mich. Bousquet*, 1750-1753, 8 tomes en 10 vol. in-12, mar. vert, fil., dos orné, dent. int., tr. dor. (*Rel. anc.*).

Exemplaire aux armes de **Madame Victoire**, *fille de Louis XV.*
Mémoires intéressants, en particulier au sujet de la rupture avec l'Espagne, par suite du renvoi de l'Infante. Son intelligence avec le cardinal de Fleury et ses disgrâces qui en furent la conséquence y sont très bien développées. L'auteur affecte un grand air de vérité dans les faits qu'il avance.

320. MÉMOIRES du marquis de LANGALLERY, lieutenant-général des armées de France, et général-feld-maréchal-lieutenant au service de l'Empereur Charles VI. Histoire intéressante où se trouvent un grand nombre d'anecdotes qui concernent Mad. de Maintenon, Mrs. de Catinat, de Vendôme, etc., et quantités

d'autres peu connues, écrite par lui-même dans sa prison de Vienne, en Autriche. *A La Haye, chez Daniel Aillaud,* 1743, in-12, mar. rouge, fil., dos orné, dent. int., tr. dor. (*Rel. anc.*).

> Ces curieux et rares mémoires ont été publiés par *Gautier de Fayet.*
> Bel exemplaire dans une reliure de *Derome.*

321. MÉMOIRES d'un citoyen, ou le code de l'humanité (par Charpentier). *A Paris, chez Desventes de Ladoué,* 1770, 2 vol. in-12, mar. rouge, fil., dos orné, dent. int., tr. dor. (*Rel. anc.*).

> Exemplaire aux armes de François-Antoine **de Barbarat de Mazirot,** *président à mortier au parlement de Metz.*
> Reliure légèrement frottée.

322. MÉMOIRES et nouveaux mémoires du comte de Bonneval, ci-devant général d'infanterie de S. M. impériale et catholique. Seconde édition revue et corrigée. *A La Haye, chez Jean Van Duren,* 1737-1738, 3 vol. in-12, veau fauve, chiffre au dos, tr. rouges (*Rel. anc.*).

> Exemplaire aux armes de Victor-Maurice **Riquet, comte de Caraman,** *lieutenant général commandant en chef en Provence.*
> Mémoires curieux de ce célèbre aventurier. Le comte de Bonneval, après avoir fait avec distinction les guerres d'Italie, passa au service de l'Autriche. Il se réfugia ensuite en Turquie et prit le turban sous le nom d'Achmet-Pacha.

323. MÉMOIRES pour servir à l'histoire de Madame de Maintenon et à celle du siècle passé. (Recueillis par L. Angliviel de La Beaumelle. *A Amsterdam aux dépens de l'auteur,* 1755-1756, 6 tomes en 3 vol. — Lettres de Madame de Maintenon à diverses personnes et à M. d'Aubigné, son frère. *Ibid. id.*, 1756, 9 tomes en 5 vol. — Ens. 8 vol. in-12, mar. rouge, fil., fleurons aux angles, dos orné, dent. int., tr. dor. (*Rel. anc.*).

324. MÉMOIRES pour servir à l'histoire du xviiie siècle, contenant les négociations, traictez, résolutions et autres documens authentiques concernant les affaires d'État, liez par une narration historique des principaux évènemens dont ils ont été pré-

cédez ou suivis, par Mr. de LAMBERTY. *A La Haye, chez Henri Scheurleer*, 1724-1740, 14 vol. in-4, mar. rouge, fil., dos orné, dent. int., tr. dor. (*Rel. anc.*).

Exemplaire en GRAND PAPIER.

325. PIÈCES originales et procédures du procès fait à Robert François Damiens, tant en la Prévôté qu'en la cour de Parlement. *A Paris, chez Pierre Guillaume Simon*, 1757, in-4, mar. rouge, encad. de fil., fleurons aux angles, dos orné, dent. int., tr. dor. (*Rel. anc.*).

Bel exemplaire en GRAND PAPIER, provenant de la bibliothèque LAMOIGNON.

Recueil rare, publié par A. F. Le Breton, avec la table des matières qui manque le plus souvent.

Le président de Lamoignon y a fait ajouter une lettre, datée de Marly, 4 janvier 1757, relative à cinq pièces énigmatiques ayant l'aspect de rébus, et qui sont jointes au volume.

Des armoiries ont été frappées sur les plats de la reliure.

326. PORTRAIT de feu Monseigneur le Dauphin. *A Paris, chez Lottin l'ainé*, 1766, in-8, mar. bleu, fil., dent. int., tr. rouges (*Roussel*).

Titre par *Cochin*, gravé par *Miger*, 2 portraits-vignette gravés par *Lempereur*, et un cul-de-lampe par *Cochin*, gravé par *Le Mire*.

327. PRÉCIS historique de la vie de Mad. la comtesse du Barry, avec son portrait. *Paris*, 1773, in-12, mar. vert, fil., dos orné, dent. int., tr. dor. (*Rel. anc.*).

Livre rare.
Reliure fatiguée.

328. RECUEIL général des pièces touchant l'affaire des princes légitimes et légitimez, mises en ordre. *A Rotterdam*, 1717, 4 vol. in-12, mar. citron, fil., dos orné, dent. int., tr. dor. (*Rel. anc.*).

Bel exemplaire dans une très fraîche reliure.
Rare en cette condition.

329. **SAINT-SIMON.** Extrait des **Mémoires** de **M. L. D. D. S. S.**
(Le duc de Saint-Simon), tel qu'il a été rédigé.par M. l'A. D. V.
(l'abbé de Voisenon). 4 vol. pet. in-4, mar. vert, fil., dos orné,
dent. int., tr. dor. (*Rel. anc.*).

Précieux manuscrit du milieu du XVIII° siècle, recouvert d'une reliure
aux armes de Marie-Anne **Hardy du Plessis, marquise de Sartine.**

Monsieur le Duc de Choiseul ayant ouvert à l'abbé de Voisenon le
dépôt des Affaires Étrangères, celui-ci en profita pour en extraire un
abrégé des *Mémoires du duc de Saint-Simon.* Ces fragments historiques
restèrent longtemps à l'état de manuscrits, et cette copie fut exécutée
pour M. de Sartine, lieutenant-général de police.

Cette compilation des *Mémoires de Saint-Simon* disparut de la circu-
lation, soit que le gouvernement d'alors le voulut ainsi, soit que cette
partie des travaux de l'abbé lui ait été volée.

Ce ne fut qu'en 1788 qu'un fureteur de manuscrits, abrégeant les
extraits de l'abbé de Voisenon, ou plutôt de Chevalier, son secrétaire,
la vendit à un libraire qui la fit paraître en 3 vol. in-8. Mais cette
publication ne reproduisit pas en entier le travail de Voisenon, dont ce
précieux manuscrit est peut-être la seule copie complète. (Note manuscrite sur un des ff. de garde).

Reliure en parfait état de conservation.

330. VIE de Philippe d'Orléans (La), petit-fils de France, Régent
du royaume pendant la minorité de Louis XV, par Mr. L. M. D. M.
(La Mothe, dit de La Hodde, jésuite). Seconde édition. *A Londres,
aux dépens de la Compagnie*, 1737, 2 vol. in-12, portrait, mar.
rouge, fil., dos orné, dent. int., tr. dor. (*Rel. anc.*).

Bel exemplaire relié par *Derome.*

---

331. HISTOIRE critique des coqueluchons (par dom J. Cajot).
A Cologne (Metz, Jos. Collignon), 1762, in-12, mar. rouge, jans.,
dent. int., tr. dor. (*Trautz-Bauzonnet*).

Le mot *coqueluchon* désigne la coiffure des moines.
Curieuse dissertation sur les habits et costumes des différents ordres
religieux.

LOUIS XVI (1774)
ÉTATS GÉNÉRAUX DE 1789

332. ADMINISTRATION (De l') des finances de la France, par
M. Necker. S. l. 1784, 3 vol. in-8, mar. rouge, fil., dos orné,
dent. int., tr. dor. (*Rel. anc.*).

333. AFFAIRE DU COLLIER. — Recueil de 23 pièces diverses
et de 19 portraits gravés à la manière noire. *S. l. n. d.*, 2 vol.
in-4, veau marb., dos orné, tr. vertes. (*Rel. anc.*).

Pièces concernant le cardinal de Rohan, Cagliostro, la comtesse de
La Motte, etc., etc. Portraits de la comtesse de Cagliostro, de la comtesse de La Motte, de Mlle de La Tour, de Mlle Le Guay d'Oliva, du cardinal de Rohan, de Rétaut de Villette, etc., etc.
Recueil rarement complet et dans cet état.

334. ASSEMBLÉE DES NOTABLES (22 février-25 mai 1787).
— Liste des notables composant l'assemblée partagée en sept
bureaux, avec leurs demeures à Versailles. *A Versailles, de l'Imp.
de Ph. D. Pierres*, 1787. — Discours prononcés à l'assemblée
des notables. *Ibid. id.*, 1787. — Collection des mémoires présentés à l'assemblée des notables. *Ibid. id.*, 1787. — Observations présentées au Roi par les bureaux de l'assemblée des
notables, sur les mémoires remis à l'assemblée ouverte par le
Roi, à Versailles, le 23 février 1787. *Ibid. id.*, 1787. — Ens.
1 vol. in-4, mar. vert, fil., dent. int., tr. jaunes. (*Rel. anc.*).

Bel exemplaire.

335. — Procès-verbal de l'assemblée des Notables, tenue à

Versailles en l'année 1787. *A Paris, de l'Imp. royale*, 1788, in-4, mar. rouge, fil., chiffre au dos, dent. int., tr. dor. (*Rel. anc.*).

Bel exemplaire aux armes de **Louis Joseph François Xavier, Dauphin** qui décéda à Meudon, le 4 juin 1789.

336. — Procès-verbal de l'assemblée de Notables, tenue à Versailles, en l'année 1787. *A Paris, de l'Imp. royale*, 1788, in-4, mar. rouge, fil., chiffre au dos, dent. int., tr. dor. (*Rel. anc.*).

Bel exemplaire aux armes de Charles Philippe, **comte d'Artois**.

---

337. CONFESSIONS (Les) de J. J. Rousseau, suivies des rêveries du promeneur solitaire. *A Genève et à Paris, chez Poinçot*, 1782-1789, 4 vol. in-8, veau marb., dos orné, tr. marb. (*Re'. anc.*).

Édition originale.

338. MÉMOIRES de M. le Duc de Choiseul, ancien ministre de la Marine, de la Guerre et des Affaires étrangères, écrits par lui-même et imprimés sous ses yeux, dans son cabinet, à Chanteloup, en 1778. *A Chanteloup et à Paris, chez Buisson*, 1790, 2 tomes en 1 vol. in-8, mar. rouge, fil., dos orné, dent. int., tr. dor. (*Rel. anc.*).

Bel exemplaire de ces mémoires intéressants, publiés par les soins de J. L. Giraud-Soulavie, l'aîné.
Rare relié en maroquin.

III. — HISTOIRE MILITAIRE

HISTOIRES ET CAMPAGNES

33g. ATLAS militaire contenant le théâtre de la guerre dans les
Pays-Bas, avec une table alphabétique des principales positions
qui s'y trouvent. *A Paris, chez Meynand*, 1746, pet. in-fol. mar.
rouge, pet. dent. fleurdelisée, dos orné, dent. int., tr. dor.
(*Rel. anc.*).

Recueil de 65 cartes gravées.

34o. CARTE générale de la monarchie françoise contenant l'histoire militaire depuis Clovis, premier roy chrétien jusqu'à la
quinzième année accomplie du règne de Louis XV, avec l'expli-
cation de plusieurs matières intéressantes, tant pour les gens
de guerre que pour les curieux de tous états, lesquelles y sont
traitées en vingt tables enrichies de tailles douces qui se
joignent en une seule carte, présentée au Roy le 17 février 173o
par le sieur LEMAU DE LA JAISSE. Mise au jour par l'auteur en
1733. *S. l. (Paris)*, 1733, in-fol. mar. rouge, large dent., pièces
d'armoiries aux angles, dos orné, dent. int., tr. dor. (*Rel. anc.*).

Bel exemplaire aux armes de **François Etienne**, dernier **duc de Lorraine**, qui épousa, par la suite, Marie-Thérèse d'Autriche.

Ce bel ouvrage est des plus importants pour l'histoire de l'armée
française ; il est orné de figures allégoriques, vues de Paris, Versailles, etc., etc., drapeaux et uniformes ; plans de places fortes, etc.

341. CONTINUATION des commentaires des dernières guerres
en la Gaule Belgique, entre Henry, II du nom, très chrestien
Roy de France, et Charles V, empereur, et Philippes, son fils,
catholique roy d'Espaigne et d'Angleterre (par F. de RABUTIN).
*A Paris, de l'Imp. de Michel de Vascosan, 1559, in-8, réglé, mar.
rouge, fil., dent. int., tr. dor. (Rel. anc.).*

> Exemplaire en GRAND PAPIER aux armes de CLAUDE ANTOINE CLÉRADIUS,
> marquis de Choiseul-Beaupré.

342. FASTES militaires ou annales des chevaliers des ordres
royaux et militaires de France, au service ou retirés, et des
gouverneurs, lieutenans de Roi, et majors des provinces et des
places du royaume, contenant le temps de leurs services, leur
grade actuel ou celui de leur retraite, la date de leur réception
dans l'ordre, etc. Présentés au Roi et à la famille royale par
M. de LA FORTELLE. *A Paris, chez Lambert, 1779, 2 vol. in-12,
mar. vert, fil., dos orné, dent. int., tr. dor. (Rel. anc.).*

> Exemplaire aux armes de ARMAND THOMAS **Hue de Miroménil**, *chance-
> lier de France.*

343. HISTOIRE générale des guerres, divisée en trois époques ;
la première depuis le déluge jusqu'à l'ère chrétienne ; la
seconde depuis l'ère chrétienne jusqu'à la chute de l'Empire
d'Orient ; la troisième depuis la chute de l'Empire d'Orient
jusqu'à l'année 1748, avec une dissertation sur chaque peuple,
par M. le chevalier d'ARCQ. *A Paris, de l'Imp. royale, 1756-1758,
2 vol. in-4, frontispice par Eisen ; mar. rouge, large dent., dos
orné, dent. int., tr. dor. (Rel. anc.).*

> Exemplaire aux armes de MARIE JOSÉPHE de Saxe, **Dauphine.**
> Très belle reliure du XVIIIe siècle avec une large dentelle autour des
> plats.
> Un plat de la reliure est un peu noirci.
> Mouillures aux premiers feuillets du tome Ier.

344. HISTOIRE de la milice françoise et des changemens qui
s'y sont faits depuis l'établissement de la monarchie françoise
dans les Gaules, jusqu'à la fin du règne de Louis le Grand,

7

par le R. P. G. DANIEL. *A Amsterdam, aux dépens de la compa-*
gnie, 1724, 2 vol. in-4, mar. rouge, fil., dos orné, dent. int.,
tr. dor. (*Rel. anc.*).

Bel exemplaire en GRAND PAPIER.
Ouvrage estimé orné de nombreuses planches et cartes gravées en
taille-douce.
Rare en aussi belle condition.

345. HISTOIRE (L') et discours au vray du siège qui fut mis
devant la ville d'Orléans, par les Anglois, le mardy XII
jour d'octobre 1428, régnant alors Charles VII, roy de
France, contenant toutes les saillies, assauts, escarmouches
et autres particularités notables, qui de jour en jour furent
faictes; avec la venue de Jeanne la Pucelle, et comment par
grâce divine, et force d'armes elle feist lever le siège de
devant aux Anglois, etc. (par Léon TRIPPAULT) *A Orléans,*
chez Olyvier Boynard et Jean Nyon, 1606, pet. in-8, frontispice
par L. Gaultier, veau fauve, dos orné, dent. int., tr. dor. (*Rel.*
anc.).

Exemplaire aux armes de LOUIS HYACINTHE **Boyer de Crémilles,** *lieute-*
nant général des armées du Roi.

346. HISTOIRE des guerres des deux Bourgognes, sous les
règnes de Louis XIII et de Louis XIV, par M. BÉGUILLET.
A Dijon, chez Defay, 1772, 2 vol. in-12, mar. rouge, fil, dos
orné, dent. int., tr. dor. (*Rel. anc.*).

Exemplaire aux armes de LOUIS RENÉ, **marquis de La Tour Du-Pin-**
Gouvernet.

347. HISTOIRE de la campagne de M. le Prince de Condé en
Flandre en 1674, précédée d'un tableau historique de la
guerre de Hollande jusqu'à cette époque, par le chevalier de
BEAURAIN (et par le marquis d'AGUESSEAU) *A Paris, chez l'auteur,*
1774, in-fol. mar. rouge, fil., dos orné, dent. int., tr. dor.
(*Rel. anc.*).

Ouvrage orné d'un beau frontispice par *Desrais,* gravé par *Patas* et
de nombreux plans et cartes.
Mouillures.

348. ORDRES de marche de l'armée du Roy commandée par
Monseigneur le Prince pendant la campagne de l'année 1674
contre les armées confédérées de l'Empereur d'Espagne et
d'Hollande. Manuscrit de 183 pp. in-4 veau marb. dos orné,
tr. rouges. (*Rel. anc.*).

> Curieux et intéressant manuscrit du xvii° siècle.
> C'est une sorte de *Journal de route* où sont consignés jour par jour
> les mouvements de l'armée française, et contenant pour l'intelligence
> du texte 32 PLANS DESSINÉS A L'AQUARELLE, indiquant les positions des
> armées et les pays où celles-ci sont campées.

---

349. HISTOIRE militaire de Flandre, depuis l'année 1690 jusqu'en 1694 inclusivement ; qui comprend le détail des marches,
campemens, batailles, sièges et mouvemens des armées du
Roi et de celles des Alliés pendant ces cinq campagnes, par
le chevalier de BEAURAIN (et le comte de BOISGELIN) *A Paris,
chez le chevalier de Beaurain*, 1755, 5 parties en 2 vol. in-fol.
mar. vert, fil., dos orné, dent. int., tr. dor. (*Rel. anc.*).

> Exemplaire aux armes de FRANÇOIS MARIE **Peirenc de Moras,** *intendant
> du Hainaut.*
> Ouvrage estimé orné de 2 frontispices, gravés par *Eisen* et *Martinel*,
> et de nombreux plans et cartes d'opérations militaires.

350. HISTOIRE de la guerre de Flandre, escrite en latin par
Famianus STRADA. Mise en françois par P. Du Ryer. *A Paris,
chez Aug. Courbé*, 1650-1654, 2 vol. in-fol. mar. rouge, fil.,
chiffre au dos. dent. int., tr. dor. (*Rel. anc.*).

> Exemplaire aux armes de **Louis XIV**.

351. HISTOIRE des guerres de Flandre, par le cardinal BENTI-
VOGLIO, traduite de l'italien par M. Loiseau. *A Paris, chez
Desaint*, 1769, 4 vol. in-12, mar. rouge, fil., dos orné, dent.,
int., tr. dor. (*Rel. anc.*).

> Exemplaire de dédicace aux armes de LOUIS SEXTIUS **de Jarente de La
> Bruyère,** *évêque d'Orléans.*

352. HISTOIRE des conquêtes de Louis XV, tant en Flandre que sur le Rhin, en Allemagne et en Italie, depuis 1744 jusques à la paix conclue en 1748, par M. Dumortous. *A Paris, chez De Lormel*, 1759, in-fol. veau porph., dos orné, tr. marb. (*Rel. anc.*).

Frontispice avec portrait de Louis XV par *Boucher*, gravé par *Lempereur*, fleurons, vignettes, culs-de-lampe et figures gravées représentant des batailles, sièges, etc., par *Eisen*, *Boquet*, etc.

353. HISTOIRE des chevaliers hospitaliers de S. Jean de Jérusalem appelés depuis chevaliers de Rhodes, et aujourd'hui chevaliers de Malthe, par M. l'abbé de Vertot. Nouvelle édition augmentée des statuts de l'ordre et des noms des chevaliers. *A Paris, chez Prault*, 1753-1755, 7 vol. in-12, mar. rouge, fil., dos orné, dent. int., tr. dor. (*Rel. anc.*).

Exemplaire aux armes de **Madame de Pompadour**.

354. HISTOIRE des ordres militaires ou des chevaliers, des milices séculières et régulières de l'un et de l'autre sexe qui ont été établies jusques à présent. Contenant leur origine, leurs fondations, leurs progrès, leur manière de vie, leur décadence, leurs réformes, et les évènemens les plus considérables qui y sont arrivez. Nouvelle édition tirée de l'abbé Giustiniani, du R. P. Bonanni, de M. Herman, de Schoonebeek, du R. P. Héliot, etc., et un traité historique de M. Basnage sur les duels. *A Amsterdam, chez Pierre Brunel*, 1721, 4 vol. in-8, mar. vert, fil., dos orné, dent. int., tr. dor. (*Rel. anc.*).

Bel exemplaire de cet ouvrage orné de nombreuses figures gravées en taille-douce.

355. MARCHES et positions des armées (vers 1756). Recueil de dix cartes coloriées pour les différentes opérations des guerres d'Allemagne. In-8, mar. rouge, large dent., fleur de lis couronnée aux angles et au dos (*Rel. anc.*).

Ces dix cartes ont été placées dans une reliure portant aux angles et au dos une fleur de lis surmontée d'une couronne fermée, ce qui permettrait de supposer que ce recueil était destiné à l'État-major de la suite personnelle du Roi. Le titre ci-dessus est celui qui est frappé sur le premier plat de la reliure.

356. MARINE (La) des anciens peuples, expliquée et considérée par rapport aux lumières qu'on en peut tirer pour perfectionner la marine moderne, par M. Le Roy. *A Paris, chez Nyon,* 1787, in-8, mar. rouge, fil., fleurons aux angles, dos orné, dent. int., tr. dor. (*Rel. anc.*).

Exemplaire aux armes de Antoine Jacques **Amelot du Chaillou,** *ministre de Louis XVI.*

Ouvrage orné de 6 planches représentant les vaisseaux de guerre des anciens peuples.

357. MÉMORABLES journées (Les) des François, où sont décrites leurs grandes batailles et leurs signalées victoires, dédiées à Monseigneur le Prince par le R. P. Antoine Girard. *A Paris, chez Jean Hénault,* 1647, in-4, mar. rouge, fil., chiffre au dos, dent. int., tr. dor. (*Rel. anc.*).

Bel exemplaire aux armes de François de Savoie-Carignan, dit le **Prince Eugène.**

Ouvrage enrichi d'un frontispice et de 10 belles planches par *Cochin.*

358. PETIT DICTIONNAIRE du tems (Le) pour l'intelligence des nouvelles de la guerre, contenant par ordre alphabétique la description des contrées où la guerre se fait présentement, celle des villes et places fortes qui s'y trouvent, etc., etc., par M. L'Admiral. *A Paris, chez J. B. C. Bauche,* 1747, in-12, plan et fig., mar. rouge, fil., dos orné, dent. int., tr. dor. (*Rel. anc.*).

Exemplaire aux armes de Marie-Cécile **de Boufflers, marquise de Villandry et Savonnières.**

359. PLANS et vues de camps, places, sièges, batailles servant à l'histoire de Louis XIV. *S. l. n. d.,* in-fol. mar. rouge, encad. de fil., chiffre aux angles et au dos, dent. int., tr. dor. (*Rel. anc.*).

Exemplaire aux armes de **Louis XIV.**

Recueil de 28 planches doubles d'après *S. Le Clerc, Colin, Marot,* etc.

Reliure du *Cabinet du Roi.*

Mouillure à une planche.

36o. RELATION de la bataille de Neerwinde, gagnée par l'armée du Roy, commandée par M. le Maréchal Duc de Luxem-
bourg (par Devize). *A Paris, chez Michel Brunet*, 1693, in-12,
mar. rouge, fil., fleurs de lis aux angles et au dos, dent. int.,
tr. dor. (*Rel. anc.*).

Exemplaire aux armes de Louis, Dauphin, *père de Louis XVI*.

361. THÉATRE de la guerre en Allemagne, contenant toutes les
opérations militaires des campagnes de 1733, 34 et 35, les
plans des sièges et des camps. Recueil très utile aux aides de
camp, où l'on trouve des tables pour les campements et des
avis sur ce que doit savoir un officier qui se propose d'être
utile à son général. Levé et dressé par le sieur Le Rouge. *A
Paris, chez l'auteur*, 1741, pet. in-4 oblong, mar. rouge, large
dent., dos orné, dent. int., tr. dor. (*Rel. anc.*).

Exemplaire aux armes de **Louis XV**.
Recueil de 65 plans avec le texte gravé du journal de la campagne
de 1733.

362. THÉATRE de la guerre en Italie ou carte nouvelle des
principautés de Piémont, république de Gênes, duchés de
Milan, Plaisance et confins. Assujettie aux observations astro-
nomiques de latitude et de longitude. *A Paris, chez Dheulland
et chez Jullien*, 1748, in-4, monté sur onglets, mar. vert, large
dent., fleurs de lis et dauphins aux angles et au dos, dent. int.,
tr. dor. (*Rel. anc.*).

Riche reliure de *Pasdeloup* aux armes de **Louis Auguste**, **Dauphin**,
plus tard Louis XVI.
L'ouvrage renferme un titre, une table et 24 cartes.
L'étiquette de *Pasdeloup* est collée au bas du titre.

363. TRIOMPHES (Les) de Louis le Juste, XIII du nom, roy de
France et de Navarre, contenans les plus grandes actions où
Sa Majesté s'est trouvée en personne, représentées en figures
ænigmatiques exposées par un poème héroïque de Charles
Beys et accompagnées de vers françois sous chaque figure,
composez par P. de Corneille, avec les portraits des rois,

princes et généraux d'armées qui ont assisté ou servy ce belliqueux Louis le Juste combattant, et leurs devises et expositions en forme d'éloges par Henry Estienne. Ensemble le plan des villes, sièges et batailles, avec un abrégé de la vie de ce grand monarque par René Barry. Le tout traduit en latin par le R. P. Nicolaï. Ouvrage entrepris et finy par Jean VALDOR. *A Paris, de l'Imp. royale, par Antoine Estienne*, 1649, in-fol. mar. rouge, pet. dent., chiffre et armoiries au dos, dent. int., tr. dor. (*Rel. anc.*).

Ouvrage orné de portraits, plans, cartes et planches, gravés en taille-douce.

MÉMOIRES ET VIES

364. COMMENTAIRES de messire Blaise de MONTLUC, mareschal de France, où sont descris les combats, rencontres, escarmouches, batailles, sièges, assauts, escalades, prinses ou surprinses de villes et places fortes, déffence des assaillies et assiégées, etc., etc., esquels ce grand et renommé guerrier s'est trouvé durant cinquante ou soixante ans qu'il a porté les armes. *A Paris chez Matthieu Le Blanc*, 1626, 2 tomes en 1 vol. pet. in-8, mar. vert, pet. dent., dos orné, tr. jasp. (*Rel. anc.*).

> Exemplaire aux armes de Louis **II de Bourbon**, dit le **Grand Condé**.
> On trouve à la fin de ces mémoires intéressants : *Le Tombeau de Blaise de Montluc*, et dans ce dernier : *Les Manes de Montluc*, par P. de Brach.

365. **HISTOIRE DE LA VIE DU CONNESTABLE DE LESDIGUIÈRES**, contenant toutes ses actions depuis sa naissance jusques à sa mort. Avec plusieurs choses mémorables servant à l'intelligence de l'histoire générale. Le tout fidèlement recueilli par

Louis Videl. *A Paris, chez Pierre Rocolet*, 1638, in-fol. mar.
rouge, les plats et le dos entièrement couverts de compart. en
mosaïque de mar. de diverses couleurs, formant caissons rem-
plis de fil. et dorures au pointillé, dent. int. tr. dor. (*Rel. anc.*).

Exemplaire en GRAND PAPIER aux armes et au chiffre de PIERRE
Séguier.

Somptueuse et très riche reliure exécutée au xvii° siècle par *Le Gascon*
pour le chancelier Séguier, dont les armes se trouvent au milieu des
plats ainsi que son chiffre qui y est répété quatre fois.

Cette reliure rappelle par son décor les riches parterres en brode-
ries que l'on exécutait à cette époque dans les jardins. Elle est pro-
tégée par un étui en maroquin rouge. Légère restauration très habile-
ment exécutée.

366. HISTOIRE de la vie de Charles de Créquy de Blanchefort,
duc de Lesdiguières (par Nic. CHORIER). *A Grenoble, chez François Provensal*, 1683, 2 tomes en 1 vol. in-12, mar. rouge, fil.,
dos orné, dent. int., tr. dor. (*Duru et Chambolle*).

367. HISTOIRE de Louis de Bourbon, second du nom, prince
de Condé, premier prince du sang, surnommé le Grand; ornée
de plans de sièges et de batailles, par M. DÉSORMEAUX. *A Paris,
chez Saillant*, 1766-1768, 4 vol. in-12, portrait, mar. rouge, fil.,
dos orné, dent. int., tr. dor. (*Rel. anc.*).

Nombreuses planches se rapportant à la vie militaire de Louis II de
Bourbon, dit le Grand Condé.
Bel exemplaire.

368. HISTOIRE du chevalier Bayard et de plusieurs choses
mémorables advenues sous le règne de Charles VIII, Louis XII
et François I. Avec son supplément par Mme Claude EXPILLY
et les annotations de Théodore GODEFROY, augmentées par
Louis VIDEL. *A Grenoble, chez Jean Nicolas*, 1650, in-12, mar.
rouge, fil., dos orné, dent. int., tr. dor. (*Rel. anc.*).

369. HISTOIRE du maréchal de Toiras, où se voyent les effets
de la valeur et de la fidélité, avec ceux de l'envie et de la
jalousie de la Cour ennemies de la vertu des grands hommes.

Ensemble une bonne partie du règne du roy Louis XIII, par le sieur Michel Baudier. *A Paris, chez Sébastien Cramoisy*, 1644, in-fol., mar. rouge, comp. de fil., fleurons aux angles, dos orné, tr. jasp. (*Rel. anc.*).

Frontispice, portrait, figures et plans.

370. HISTOIRE militaire du prince Eugène de Savoie, du prince et duc de Marlborough et du prince de Nassau-Frise, où l'on trouve un détail des principales actions de la dernière guerre, et des batailles et sièges commandez par ces trois généraux, par M. Dumont, baron de Carelscroon, augmentée d'un supplément par M. Rousset. *A La Haye, chez Isaac Van der Kloot*, 1729-1747, 3 vol. in-fol., mar. rouge, comp. de fil., dos orné, dent. int., tr. dor. (*Hardy*).

Bel exemplaire aux armes de Auguste Joseph Christophe Jules de **Mornay-Soult, marquis de Mornay-Montchevreuil.**

Ouvrage orné d'un frontispice, de 3 portraits au tome III, et renfermant 2 fleurons, 9 vignettes en tête, 1 portrait et 102 grandes planches.

371. MÉMOIRES et lettres de Henri duc de Rohan, sur la guerre de la Valteline, publiés pour la première fois, et accompagnés de notes géographiques, historiques et généalogiques, par M. le Baron de Zurlauben. *A Genève et se vend à Paris, chez Vincent*, 1758, 3 vol. in-12, mar. rouge, fil., fleurons aux angles, . dos orné, dent. int., tr. dor. (*Rel. anc.*).

372. MÉMOIRES militaires de Louis de Berton des Balbes de Quiers, duc de Crillon, duc de Mahon, Grand d'Espagne de première classe, etc. *A Paris, de l'Imp. de Du Pont*, 1791, in-8, portrait gravé par Gérard, mar. rouge, fil., dos orné, dent. int., tr. dor. (*Rel. anc.*)

Exemplaire aux armes de Marie Thérèse **de Parme**, *reine d'Espagne, femme de Charles IV.*

Mémoires publiés avec des notes par l'abbé A. de Crillon.

373. MÉMOIRES politiques et militaires pour servir à l'histoire de Louis XIV et de Louis XV, composés sur des pièces origi-

nales recueillies par Adrien Maurice, duc de Noailles, maréchal de France et ministre d'Etat, par M. l'abbé MILLOT. *A Paris, chez Moutard*, 1776-1778, 6 vol. in-12, mar. rouge, fil., dos orné, dent. int., tr. dor. (*Rel. anc.*).

Reliure très fraiche.

374. MÉMOIRES pour servir à l'histoire de la dernière guerre d'Italie, dédiez à Son Altesse Sérénissime Monseigneur le Prince de Conty (par le chevalier d'ESPAGNAC). *A Amsterdam, chez Pierre Mortier*, 1739, in-12, mar. rouge, fil., dos orné, dent. int., tr. dor. (*Rel. anc.*).

Exemplaire aux armes de JEAN ANDRÉ HERCULE, **cardinal de Fleury**.
Cet ouvrage est orné de 3 plans de batailles, dessinés à la plume et à l'aquarelle.
L'auteur avait suivi la campagne comme lieutenant au régiment d'Anjou.

375. PANÉGYRIQUE ou portrait de Monseigneur le Dauphin, avec les caractères des généraux françois, par M. l'abbé de LIONNIÈRE. *A Paris, chez Martin Jouvenel*, 1693, in-12, mar. rouge, fleurs de lis aux angles et au dos, dent. int., tr. dor. (*Rel. anc.*).

Exemplaire aux armes de **Louis XIV**.
Histoire intéressante des campagnes de 1688 à 1692, pleine de faits et de détails peu connus.

376. SAXE (Maréchal comte de). — Histoire de Maurice, comte de Saxe, duc de Courlande et de Semigalle, par M. le baron d'ESPAGNAC. Nouvelle édition corrigée et considérablement augmentée. *A Paris, de l'Imp. de Ph. Denys Pierre*, 1775, 2 vol. in-4, veau marb., dos orné, tr. rouges. (*Rel. anc.*).

Portrait du maréchal de Saxe, gravé par *Petit* d'après *Rigaud* et 43 planches de cartes et plans.

377. — Mes rêveries. Ouvrage posthume de Maurice, comte de Saxe. Augmenté d'une histoire abrégée de sa vie, et de diffé-

rentes pièces qui y ont rapport, par M. l'abbé Pérau. *A Amsterdam et à Leipzig, chez Arkstée et Merkus, 1757, 2 vol. in-4, veau
fauve, dos orné, dent. int., tr. rouges. (Rel. anc.).*

Exemplaire en GRAND PAPIER de cet ouvrage estimé, contenant les
84 PLANCHES COLORIÉES.

---

378. TURENNE (Maréchal de). — Histoire du vicomte de Turenne, maréchal général des armées du Roy (par Mich. And.
RAMSAY). *A Paris, chez la Vve Mazières, 1735, 2 vol. in-4, figures
et plans, vélin vert, fil., fleurs de lis aux angles, dos orné, non
rognés. (Rel. anc.).*

Exemplaire aux armes de LOUIS JOSEPH **de Bourbon**, dit le **Prince de
Condé**.

A l'intérieur de chaque volume se trouve l'étiquette : N. EMIGRÉ
CONDÉ C.

379. — Collection des lettres et mémoires trouvés dans les
porte-feuilles du maréchal de Turenne, pour servir de preuves
et d'éclaircissemens à une partie de l'histoire de Louis XIV et
particulièrement à celle des campagnes du général français,
par M. le comte de GRIMOARD. *A Paris, chez Nyon, 1782, 2 vol.
in-fol., veau fauve, dent., dos orné, dent. int., tr. dor. (Bozérian).*

Cachet de la bibliothèque du Roi (Neuilly) sur les titres.

---

380. VIE de M. le marquis de Fabert, maréchal de France, par
le P. BARRE. *A Paris, chez J. Thomas Hérissant, 1752, 2 vol. in-12,
portrait, mar. rouge, fil., dos orné, dent. int., tr. dor. (Rel anc.).*

Bel exemplaire aux armes de ANNE PIERRE, **duc d'Harcourt**.

381. VIE du Maréchal duc de Villars, écrite par lui-même et
donnée au public par M. ANQUETIL. *A Paris, chez Moutard, 1784,
4 vol. in-12, mar. rouge, fil., dos orné, doubl. et gardes de
tabis bleu, dent. int., tr. dor. (Rel. anc.).*

Bel exemplaire renfermant un portrait gravé par *Thomas* et des plans
de batailles.

382. VIE militaire (La) politique et privée de Mademoiselle
Charles-Geneviève-Louise-Auguste-Andrée-Thimothée Eon ou
d'Eon de Beaumont, par M. de LA FORTELLE. *A Paris, chez Lambert,* 1779, in-8, portrait par Bradel, mar. rouge, fil., dos orné,
doubl. et gardes de tabis bleu, dent. int. tr. dor. (*Rel. anc.*).

Exemplaire aux armes du chevalier **Eon de Beaumont**, plus connu sous
le nom de *Chevalière d'Eon.*
PROVENANCE RARE.
Notes marginales à l'encre. On a ajouté une généalogie manuscrite
relative aux filles de la maison d'Eon.

383. VIE (La) politique et militaire de M. le Maréchal duc de
Bellisle, prince de l'Empire, ministre d'État de S. M. T. C.,
publiée par Mr. D. C*** (de CHEVRIER). *A La Haye, chez la veuve
Van Duren,* 1762, in-12, mar. rouge, fil., dos orné, dent. int.,
tr. dor. (*Rel. anc.*).

Edition renfermant *Le Testament politique du maréchal duc de Belle-Isle,*
et *le Codicille et l'esprit ou commentaire des maximes politiques de M. le
maréchal duc de Bellisle.*
Bel exemplaire.

ORDONNANCES, EXERCICES ET RÉGLEMENTS
MILITAIRES, ETC.

384. CODE militaire ou compilation des ordonnances des rois
de France concernant les gens de guerre,[par le Sr de BRIQUET.
A Paris, chez J. B. Coignard, 1734, 4 vol. in-12, mar. rouge,
fil., dos orné, dent. int., tr. dor. (*Rel anc.*).

385. COMMENTAIRES sur la défense des places d'Æneas le Tacticien, le plus ancien des auteurs militaires; avec quelques notes, le tableau militaire des grecs du mesme temps, les écoles militaires de l'antiquité et quelques autres pièces par M. le comte de BEAUSOBRE. *A Amsterdam et se vend à Paris, chez Pissot*, 1757, 2 tomes en 1 vol. in-4, mar. rouge, fil., dos orné, dent. int., tr. dor. (*Rel. anc.*).

Exemplaire aux armes de ANTOINE RENÉ **Voyer d'Argenson**, dit le **marquis de Paulmy**.

386. COMMENTAIRES sur la retraite des Dix-mille de Xénophon, ou nouveau traité de la guerre à l'usage des jeunes officiers, par M. LE COINTE, capitaine de cavalerie au régiment de Conty. *A Paris, chez Nyon*, 1766, 2 vol. in-12, carte et plan, mar. rouge, fil., dos orné, dent. int., tr. dor. (*Rel. anc.*).

Bel exemplaire aux armes de MARIE THÉRÈSE **de Savoie, comtesse d'Artois**.

387. ÉLÉMENS de fortification, de l'attaque et de la défense des places, contenant les systèmes des auteurs les plus célèbres, neuf systèmes de l'auteur, l'analyse et la comparaison de tous ces systèmes... par M. TRINCANO. *A Paris, chez Musier*, 1768, in-8, mar. rouge, fil., armoiries sur les plats, fleurons aux angles, dos orné, dent. int., tr. dor. (*Rel. anc.*).

Ouvrage orné de 33 planches pliées, gravées en taille-douce.

388. ÉLÉMENS de l'art militaire ancien et moderne par M. CUGNOT. *A Paris, chez Vincent*, 1766, 2 vol. in-12, mar. rouge. fil., fleurons aux angles, dos orné, dent. int., tr. dor. (*Rel. anc.*).

Exemplaire aux armes de LOUIS FRANÇOIS, **marquis de Monteynard**, *ministre de la guerre*.

389. EXERCICE de l'infanterie françoise, ordonné par le Roy le VI may 1755, dessiné d'après nature dans toutes ses posi-

tions et gravé par S. R. Baudouin. *A Paris*, 1757, in-fol. mar. rouge, pet. dent., dos orné, dent. int., tr. dor. (*Rel. anc.*).

Exemplaire aux armes de Louis Philippe, **duc d'Orléans**, *petit-fils du Régent*.

Ouvrage composé d'un frontispice par *Pierre*, un titre gravé par *Bouchardon*, un avertissement avec cul-de-lampe de *Saint Aubin*, une table gravée, 63 planches gravées à l'eau-forte par *Baudouin* et 16 pages de texte gravé.

390. EXERCICES sur la tactique ou la science du héros (par P. L. Bertr. Castel). *A Paris, chez J. B. Garnier*, 1757, in-8, mar. rouge, larg. dent., dos orné, doubl. et gardes de tabis bleu, dent. int., tr. dor. (*Rel. anc.*).

Exemplaire aux armes de Jean Baptiste François **Desmaretz, marquis de Maillebois**.

Très belle et fraîche reliure.

391. MANUEL du cavalier à l'usage de la compagnie des grenadiers à cheval du Roi. Par M. L. L. de S. (La Live de Sucy). *A Paris, chez la V. Delormel et fils*, 1752, in-12, mar. rouge, fil., fleurons aux angles, dos orné, doubl. et gardes de tabis bleu, dent. int., tr. dor. (*Rel. anc.*).

Exemplaire aux armes mosaïquées de **Louis, Dauphin,** *père de Louis XVI*.

Frontispice par *Cochin*, gravé par *La Live de Jully* et 10 planches hors texte gravées en taille-douce.

392. ORDONNANCE de Louis XIV, roy de France et de Navarre, donnée à Fontainebleau au mois d'aoust 1681, touchant la marine. *A Paris, chez Denys Thierry*, 1681, in-4, mar. rouge, encad. de fil., fleurs de lis aux angles et au dos, dent. int., tr. dor. (*Rel. anc.*).

Exemplaire aux armes de Jean-Baptiste **Colbert, marquis de Seignelay**.

393. ORDONNANCE du Roi, concernant la marine. Du 25 mars 1765. *A Paris, de l'Imp. royale*, 1766, in-12, mar. rouge, fil., dos orné, dent. int., tr. dor. (*Rel. anc.*).

Exemplaire aux armes de Étienne François **de Stainville, duc de Choiseul**.

394. PLANCHES des manœuvres d'Infanterie suivant l'ordonnance du Roi. Dessinés par Chantavoine. Manuscrit in-16 oblong, mar. rouge, fil., fleurons aux angles, dos orné, dent. int., tr. dor. (*Rel. anc.*).

Joli petit manuscrit du xviiie siècle dans une reliure aux armes de **Louis XV**.

Il renferme un titre aux armes de Louis XV et 17 plans dessinés à l'aquarelle par *Chantavoine* avec un texte explicatif.

395. PLANCHES gravées d'après plusieurs positions dans lesquelles doivent se trouver les soldats, conformément à l'ordonnance du Roi de l'exercice de l'Infanterie du 15 janvier 1766. *S. l. n. d.*, in-4, monté sur onglets, mar. La Vall. encad. de fil., fleurons aux angles, doubl. aux armes et au chiffre du comte René de Béarn, tr. dor. (*Chambolle-Duru*).

Titre-frontispice, 10 planches se dépliant et contenant 31 sujets ou figures militaires et un cul-de-lampe dessinés par *Gravelot*, gravés par *C. de La Haye*.

Gravelot était professeur de dessin à l'École militaire.

Cachet sur le titre et quelques planches.

396. RÉGLEMENT pour l'exercice de l'Infanterie. *A Turin, de de l'Imp. royale*, 1755, in-12, mar. vert, dent. à petits fers, dos orné, dent. int., tr. dor. (*Rel. anc.*).

Exemplaire aux armes de **Charles-Emmanuel III**, *roi de Sardaigne*.

397. RÉGLEMENT pour les devoirs de l'Infanterie. *A Turin, de l'Imp. royale*, 1777, in-8, mar. rouge, fil., fleurons aux angles, dos orné, tr. dor. (*Rel. anc.*).

Exemplaire aux armes de **Victor-Amédée III**, *roi de Sardaigne*.

398. SCIENCE des postes militaires (La) ou traité des fortifications de campagne, à l'usage des officiers particuliers d'Infanterie qui sont détachés à la guerre : dans lequel on a compris la manière de les défendre et de les attaquer, par M. Le Cointe.

A Paris, chez Desaint et Saillant, 1759, in-12, mar. vert, fil., fleur
de lis aux angles et au dos, dent. int., tr. dor. (*Rel. anc.*).

Exemplaire aux armes de Louis-François **de Bourbon**, troisième
prince de Conti.
Ouvrage orné de 10 planches hors texte gravées en taille-douce.

ÉTAT DU MILITAIRE : ÉTATS-MAJORS
GOUVERNEURS
TROUPES, PLACES FORTES, ETC.

399. ABRÉGÉ de la carte générale du militaire de France, depuis
l'établissement de la monarchie jusqu'au 20 février 1734, jour de
la promotion des officiers généraux et des brigadiers des armées
du Roy, avec les nouveaux colonels d'infanterie et les mestres
de camp de cavalerie et de dragons..... par Lemau de La Jaisse.
A Paris, chez l'auteur, 1734, pet. in-8, mar. rouge, fil., fleurs de
lis aux angles et au dos, dent. int., tr. dor. (*Rel. anc.*)

Exemplaire aux armes de **Louis XV.**
Première année rare.

400. ABRÉGÉ historique des troupes de France, depuis qu'elles
ont été enrégimentées jusqu'à présent, avec les réformes et
augmentations depuis 1553 et plusieurs listes, discours que le
feu Roy Louis 14 a envoyé à ses alliez. Et plusieurs ordres de
bataille du même règne, plusieurs règlemens pour la subsis-
tance des troupes, recueillis par ordre de monsieur le comte
d'Evreux. Manuscrit de 190 pp. in-4 mar. rouge, fil., dos orné,
dent. int. tr. dor.

Intéressant manuscrit du XVIIIe siècle, donnant des renseignements
exacts sur les différents régiments de France, avec les noms des officiers qui y sont attachés.

401. CHRONOLOGIE historique militaire, contenant l'histoire
de la création de toutes les charges, dignités et grades militaires
supérieurs, de toutes les personnes qui les ont possédés, ou
qui y sont parvenues depuis leur création jusqu'à présent, des
troupes de la Maison du Roi et des officiers supérieurs qui y ont
servi, de tous les régimens et autres troupes, et des colonels
qui les ont commandés, les états d'armées par chaque armée,
les officiers généraux qui y ont été employés depuis la première
création des Régimens, et les opérations réelles de chaque
armée, avec leur véritable époque ; enfin une table raisonnée
des ordonnances militaires, tant imprimées que manuscrites,
rendues depuis le règne de Louis XIV jusqu'à présent, tirée sur
les originaux avec des éclaircissemens en notes critiques par
M. PINARD. *A Paris, chez Hérissant*, 1760-1778, 8 vol. in-4, veau
jasp., dos orné, tr. rouges (*Rel. anc.*).

> Bel exemplaire en GRAND PAPIER.
> Ouvrage TRÈS RARE, surtout en cette condition, et important pour
> l'histoire militaire de la France et pour celle des familles nobles du
> royaume.
> Les feuillets plus courts du tome VIII ont été remargés à l'époque.
> Exemplaire en parfait état de conservation.

402. DÉTAIL des augmentations, réductions et incorporations
qu'on a faites dans les troupes de France, depuis le renouvel-
lement des hostilités entre la Grande Bretagne et la France ;
tiré des ordonnances de Sa Majesté très chrétienne. Manuscrit
de 191 pp., pet. in-fol. mar. rouge, comp. de fil. et pet. dent.,
fleuron au milieu, dos orné, tr. dor. (*Rel. anc.*).

> Intéressant manuscrit du xviii° siècle, très bien écrit. On y trouve de
> curieux renseignements sur les variations d'effectifs des troupes fran-
> çaises de 1755 à 1758, ainsi que le détail des couleurs des uniformes.
> Le dos de la reliure est en partie détaché du volume.

403. ÉTAT de toutes les places du Royaume avec les apointe-
mens et émolumens de Messieurs les Gouverneurs et Lieutenans de Roy. Manuscrit de 106 ff., pet. in-4 mar. rouge, comp-

de fil. et large dent. fleurdelisée, dos orné, dent. int., tr. dor. (*Rel. anc.*).

Manuscrit d'une bonne écriture du xvii° siècle.

404. ÉTAT des troupes et des états majors des places. Janvier 1736. Manuscrit de 177 pp. in-12, mar. vert, fil., pièces d'armoiries aux angles et au dos, doubl. de tabis rose, tr. dor. (*Rel. anc.*).

Manuscrit du xviii° siècle, dans une reliure aux armes de Louis **Chauvelin**, *seigneur de Grisenoy*.

Intéressant manuscrit exécuté pour Louis Chauvelin. On y trouve les noms des commandants de Régiment, des gouverneurs de places, le montant de leur solde, etc., etc.

Il est orné d'un joli frontispice, DESSIN ORIGINAL A L'AQUARELLE avec les armes de Louis Chauvelin.

405. ÉTAT des Places et Gouvernemens tant généraux que particuliers du royaume, 1758. Manuscrit de 94 ff., in-8 carré, mar. rouge, fil., pièces d'armoiries aux angles et au dos, dent. int., tr. dor. (*Rel. anc.*).

Beau manuscrit du xviii° siècle dans une reliure aux armes de PAUL FRANÇOIS de **Quélen-Stuer de Caussade, duc de La Vauguyon**.

Ce manuscrit contient toutes les places et gouvernements du royaume, les noms des gouverneurs et lieutenants-généraux dans les provinces, leurs appointements, etc., etc.

406. ÉTAT militaire de l'Europe en 1762. *A Augsbourg*, 1752, in-fol. mar. rouge, encad. de fil., doubl. de mar. La Vall. aux armes et au chiffre du comte René de Béarn, dos orné, tr. dor. (*Chambolle-Duru*).

Recueil de 18 tableaux gravés, dont voici le détail : ÉTAT nouveau des trouppes de France mises sur pié en 1762, 2 pièces. — LISTE des 38 gouvernemens militaires du royaume de France, avec les noms des gouverneurs généraux, 1 pièce. — ÉTAT général des trouppes qui servent S. M. I.; sur pié en 1762, 2 pièces. — LISTE des généraux de S. M. I., 1 pièce. — ÉTAT général des trouppes d'Espagne, de Sardaigne, Grande Bretagne, Portugal, Wurtemberg, Hesse, Hanovre, Hollande, Prusse, Danemark, Suède, Russie ; sur pié en 1762, 12 pièces.

Réunion rare de ces pièces curieuses donnant les couleurs des uniformes des différentes troupes.

407. ÉTAT des troupes et des états-majors des places. Année 1774, in-8, mar. vert, fil., fleurons aux angles, dos orné, doubl. et gardes de tabis rose, dent. int., tr. dor. (*Rel. anc.*).

Ce volume renferme le dénombrement des troupes françaises, les noms des maréchaux, lieutenants généraux, colonels, etc., avec la solde de chaque officier et le nom de chaque régiment.

Un joli **dessin original à l'aquarelle** a été spécialement exécuté par **Eisen**, pour ce livre, et sert de frontispice.

408. ÉTAT général des officiers suisses au service du Roi, suivant leur rang dans chaque Régiment au 1er avril 1775, avec leur ancienneté, le lieu de leur naissance, leur traitement, les grades, dignités, pensions et gratifications annuelles dont ils jouissent.... Manuscrit de 174 pp., in-8, mar. rouge, large dent., dos orné, doubl. et gardes de tabis bleu, dent. int., tr. dor. (*Rel. anc.*).

Manuscrit, d'une très belle écriture du xviii° siècle, dans une riche reliure aux armes du **comte d'Affry**, *lieutenant-général,* faisant fonction de colonel général des Suisses et Grisons, pendant la minorité de Mgr le comte d'Artois.

409. ÉTAT de la Maréchaussée au 1er janvier 1790. *A Paris, de l'Imp. royale,* 1790, pet. in-8, mar. rouge, fil., fleurs de lis aux angles et au dos, dent. int., tr. dor. (*Rel. anc.*).

Exemplaire portant, sur les plats de la reliure, les insignes de la Maréchaussée de France.

Légère tache d'encre sur le second plat de la reliure.

410. RECHERCHES historiques sur les troupes de terre actuellement au service de la France, 1783. Manuscrit de 255 pp. in-8 mar. rouge, fil., dos orné, dent. int., tr. dor.

Intéressant manuscrit du xviii° siècle donnant des renseignements précis sur les uniformes des divers régiments, les noms des officiers, etc., etc.

411. RÉGIMENT des Gardes Suisses. Traité concernant la manutention générale du trésorier du dit Régiment. Manuscrit in-4 de 53 pp. mar. rouge, large dent. à petits fers, angles très ornés dans lesquels se trouvent les pièces d'armoiries de Stainville, ainsi que sur le dos, dent. int., tr. dor. (*Rel. anc.*).

Très riche reliure aux armes mosaïquées de Étienne François de Stainville, duc de Choiseul, *colonel général des Suisses et Grisons*.

Curieux manuscrit du xviii° siècle. Ce traité est rédigé par demandes et réponses.

COSTUMES ET UNIFORMES MILITAIRES

412. **ARMÉE FRANÇAISE** (L') sous le règne de Louis le Grand. 1643-1715.

Série de dessins originaux pouvant être attribués a Sébastien Le Clerc.

Cette magnifique suite représente sous forme de défilés en campagne tous les régiments de l'armée de Louis XIV.

Ces dessins, à la plume, et rehaussés d'aquarelle, sont d'une exécution parfaite ; ils ont été rassemblés bout-à-bout et collés sur toile, à l'époque, avec le plus grand soin. Ils forment une sorte de grande frise vraisemblablement destinée au ministère de la guerre.

L'ensemble, mesurant 17 mètres de longueur sur 50 centimètres de hauteur, est contenu dans une reliure, en maroquin La Vallière doublée de maroquin blanc, aux armes et au chiffre du comte René de Béarn.

413. **ÉTAT** général des uniformes de toutes les troupes de France représentées par un homme de chaque régiment dans le costume du nouveau règlement, arrêté par le Roi pour l'habillement de ses troupes le 2 février 1779, par M. P. F. d'Isnard. *A Strasbourg, se trouve chez Jean Henri Heitz*, 1779, in-4, cartonné, tr. dor.

Collection complète des 168 planches gravées sur bois et coloriées, avec texte explicatif. Chaque arme est représentée par un seul et même soldat, dont le coloris de l'habillement varie seul. Sur chaque planche on trouve les indications relatives aux couleurs des parements, revers, cols et boutons.

Bel exemplaire à toutes marges, auquel on a ajouté 4 copies à l'aquarelle avec différences dans le coloris.

Collection TRÈS RARE.

Exemplaire dont le corps d'ouvrage exécuté par *Chambolle-Duru* est terminé, mais dont la reliure n'a pas été achevée, par suite du décès de ce relieur.

414. **MONTIGNY.** UNIFORMES MILITAIRES où se trouvent gravés en taille-douce les Uniformes de la Maison du Roy, de tous les régiments de France, les drapeaux, étendards et guidons; avec la date de leur création 'et les différentes figures de l'exercice tant de la cavalerie que de l'infanterie. Dessiné et gravé par le sieur de MONTIGNY. *A Paris, chez l'auteur,* 1772, in-12, mar. rouge, fil., dos orné, dent. int., tr. dor. (*Rel. anc.*).

Un des plus jolis recueils de costumes militaires publiés en France ; il se compose de 5 ff. gravés, de titre, d'avertissement et de table, de 4 et 170 planches (la dernière cotée par erreur 169) de costumes coloriés tant de l'infanterie que de la cavalerie, avec les drapeaux de chaque régiment, et 1 pl. pour les couleurs. Ensemble 175 planches.

Ce volume est en même temps un traité d'escrime et d'équitation, l'auteur ayant eu soin de faire figurer dans ses planches les principaux mouvements usités dans ces deux sciences.

Bel exemplaire dans un état de parfaite conservation. RARE.

415. NOUVEAU recueil des troupes légères de France levées depuis la présente guerre, avec la date de leur création, le nombre dont chaque corps est composé; leur uniforme et leurs armes, dessiné d'après nature. *A Paris, chez Chéreau,* 1747, in-fol., monté sur onglets, mar. La Vall., encadr. de fil., fleurons aux angles, doubl. aux armes et au chiffre du comte René de Béarn, tr. dor. (*Chambolle-Duru*).

Exemplaire en deux états : NOIR ET COLORIÉ. Superbe collection extrêmement intéressante composée d'un titre-frontispice par *Babel,* une dédicace par *Desbrulins,* et 12 planches par *Boucher, Aveline* et *De La Fosse.*

TRÈS RARE surtout avec l'*état colorié.*

416. NOUVEAU recueil des troupes qui forment la garde et
maison du Roy, avec la date de leur création, le nombre
d'hommes dont chaque corps est composé, leur uniforme et
leurs armes. Dessiné d'après nature par EISEN. *A Paris, chez
la V.* de *F. Chéreau*, 1756, in-fol., monté sur onglets, mar.
La Vall., encad. de fil., fleurons aux angles, doubl. aux armes
et au chiffre du comte René de Béarn, tr. dor. (*Chambolle-Duru*).

Beau recueil composé d'un titre par *Eisen*, gravé par *Le Bas*, un feuillet de dédicace avec encadrement gravé, et 13 planches par *Eisen*, gravées par *de Fehrt*, *Pitre* et *Ravenet*.

417. RÉGIMENTS d'Infanterie sous Louis XV. In-fol. mar.
La Vall., encad. de fil., fleurons aux angles, doubl. aux armes
et au chiffre du comte René de Béarn, tr. dor. (*Chambolle-Duru*).

Recueil de 14 superbes aquarelles représentant chacune un soldat des
régiments de l'infanterie française.
Chaque aquarelle est soigneusement montée dans un encadrement à
la Glomy.

418. UNIFORMES militaires des troupes françoises et étrangères de l'infanterie, cavalerie, dragons et hussards sous le
règne de Louis XVI suivant les derniers règlements donnés
sous le Ministère de Mgr. le Prince de Mont-Barey, augmentés
des troupes qui forment la garde et maison du Roy. *A Paris,
chez Onfroy*, 1782, in-4, monté sur onglets, mar. La Vall., encad.
de fil., fleurons aux angles, doubl. aux armes et au chiffre du
comte René de Béarn, tr. dor. (*Chambolle-Duru*).

Seconde édition de la suite de *Juliette*; elle renferme un titre gravé
dans un encadrement colorié, une carte de France, 5 feuillets de texte
et 182 *planches gravées et coloriées*.
Cette édition contient 16 planches de plus que la première donnée
par Juliette en 1778.
Très bel exemplaire de ce recueil, FORT RARE, ainsi complet : grandes
marges.

IV. — PORTRAITS

419. ABRÉGÉ de l'histoire fraçoise, avec les effigies des Roys, depuis Pharamond jusques au roy Henry III, à présent régnant, tirées des plus rares et excellents cabinets de la France par H. C. *A Paris, par Jean Le Clerc*, 1599, in-fol. de 36 ff., mar. La Vall., encad. de fil., fleurons aux angles, dos orné, doubl. aux armes et au chiffre du comte René de Béarn, tr. dor. (*Chambolle-Duru*).

Livre rare orné de 65 portraits des rois de France, gravés sur bois et compris dans de beaux encadrements également gravés sur bois dans le style de *Jean Cousin*. Au-dessous de chaque portrait, une notice biographique.

Le dernier portrait, celui de Henri IV, est gravé en taille-douce, par *Léonard Gaultier*.

La gravure des encadrements a été attribuée à *Jean Le Clerc*, élève de *J. Cousin*.

420. LES ANCIENNES ET MODERNES GÉNÉALOGIES ‖ des Roys de France et mesmement du Roy Pharamond / avec leurs épitaphes et ‖ effigies ‖ — *Et sont imprimez et à vendre à Poictiers* ‖ *devant les cordeliers par Jacques Bouchet* ‖ *Imprimeur* ‖ (à la fin) : — *Cy finissent les épitaphes genea* ‖ *logies et effigies des Roys fraçois* ‖ *Imprimez nouvellement à Poi* ‖ *ctiers par Jacques*

Bouchet || *Imprimeur* / *le douziesme* || *jour de Juing* / *l'an mil* ||
cinq cens tren || *te cinq* || (1535), pet. in-8 goth. de 14 ff. prélim.
non chiff. et 124 ff. chiff., veau jasp., fil., dos orné, tr. marb.
(*Rel. du XVIIIe siècle*).

Ouvrage en prose et en vers : l'auteur Jean Bouchet est nommé sur
le titre dans une pièce de vers en latin de Nicolas Parvus.
, Suite des portraits des rois de France, gravés sur bois.

421. LES ANCIENNES || et modernes généalogies des roys ||
de France / et mesmement du || roy Pharamōd / avec leurs ||
epitaphes et effigies || Nouvellement im || primez à Paris ||
— *On les vend à Paris en la grāt Salle* || *du palais........ par* ||
Arnould et Charles les Angeliers frères || (à la fin) : — *Cy finissent*
les Epitaphes / genea || *logies et effigies des roys Fran* || *çois.*
Imprimez nouvelle || *mēt à Paris l'an mil* || *cinq cens XXXIX* ||
(1539), pet. in-8 goth. de 16 ff. non chiff. et 143 ff. chiff., mar.
bleu, fleurs de lis aux angles et au dos, dent. int., tr. dor.
(*Trautz-Bauzonnet*).

Édition différente de la précédente. L'auteur est nommé au verso du
titre dans une pièce de vers en latin de Nicolas Parvus.
Suite des portraits des rois de France, gravés sur bois. Dans cette
édition, les portraits sont plus petits et mieux gravés.

422. CRONICA breve de i fatti illustri de Re di Francia; con le
loro effigie dal naturale, cominciando da Faramondo primo re
di Francia, che regno l'anno della nostra salute 420, sino ad
Henrico III. *In Venetia, appresso Bernardo Giunti*, 1590, pet. in-
fol., mar. La Vall., encad. de fil., fleurons aux angles, dos
orné, doubl. aux armes et au chiffre du comte René de Béarn,
tr. dor. (*Chambolle-Duru*).

Bel exemplaire contenant la suite des 62 portraits des rois de France,
gravés par *Fr. Franco*.

423. EFFIGIES regum francorum omnium, a Pharamundo, ad
Henricum usque tertium, ad vivum, quantum fieri potuit,
expressæ. Cælatoribus Virgilio Solis Noriber : et justo Amman

Tigurino. *Noribergae, in officina typogr. Katharinae Theodorici Gerlach*, 1576, pet. in-4 de 64 ff. chiff., mar. rouge, fil., dos orné, dent. int., non rogné (*Bauzonnet-Trautz*).

Livre rare renfermant 63 portraits gravés sur cuivre et à l'eau-forte ; ce sont les copies de ceux qui figurent dans l'*Epitome* imprimé à Lyon en 1546, mais mieux exécutés et avec de riches bordures.
Bel exemplaire.

424. GALERIE françoise ou portraits des hommes et des femmes célèbres qui ont paru en France, gravés en taille-douce par les meilleurs artistes, sous la conduite de M. Restout. Avec un abrégé de leur vie par une société de gens de lettres. *A Paris, chez Hérissant*, 1771, in-fol., veau marb., fil., dos orné, tr. marb. (*Rel. anc.*).

Première édition.
L'ouvrage renferme 41 portraits peints ou dessinés par *Aved. Ph. de Champagne, C. N. Cochin, Colson, Nattier*, etc., gravés par *Benoist, Bosse, Delvaux, Ingouf*, etc.

425. FRANCE illustre (La) ou le Plutarque français, contenant l'histoire ou éloge historique des ministres, des généraux et des magistrats; par M. Turpin, citoyen de S. Malo. *A Paris, chez Lacombe*, 1777-1788, 4 vol. in-4, veau porph., fil., dos orné, dent. int. tr. dor. (*Rel. anc.*).

Exemplaire renfermant 45 portraits gravés par *Hubert, Romanet, Tardieu, Thomas*, etc., d'après *Ph. de Champagne, Largillière, Masson, Rigaud*, etc.

426. HOMMES illustres (Les) qui ont paru en France pendant ce siècle. Avec leurs portraits au naturel, par M. Perrault. *A Paris, chez Antoine Dezallier*, 1696-1700, 2 tomes en 1 vol. in-fol., mar. La Vall., dent. int., tr. dor. (*Thibaron-Joly*).

Bel exemplaire en grand papier.
Il contient les portraits de *Du Cange* et de *Thomassin* ainsi que les portraits d'*Arnauld* et de *Pascal* avec leurs notices manuscrites. Ces

deux derniers portraits et les notices avaient été supprimés et remplacés par ceux de Du Cange et de Thomassin.

Les portraits par *Edelink* et *Lubin* qui ornent cet ouvrage sont ici en très belles épreuves.

427. **PORTRAITS des grands hommes, femmes illustres, et sujets mémorables de France, gravés et imprimés en couleurs. Dédiés au Roi.** *A Paris, chez Blin, s. d.* (1786-1791), 2 vol. in-4, montés sur onglets, mar. La Vall., encad. de fil., fleurons aux angles, dos orné, doubl. aux armes et au chiffre du comte René de Béarn. tr. dor. (*Chambolle-Duru*).

Titres gravés, dédicace, 96 portraits par *Sergent* et 96 estampes historiques, GRAVÉS EN COULEUR par *Moret, Roger, M*ᵐᵉ *de Cernel*, etc.

Épreuves à TOUTES MARGES.

Collection intéressante et devenue fort rare, surtout ainsi complète et en semblable condition. Cette suite est connue sous le nom de : *Portraits de Sergent.*

428. **RECUEIL d'estampes représentant les grades, les rangs et les dignités, suivant le costume de toutes les nations existantes ; avec des explications historiques et la vie abrégée des grands hommes qui ont illustré les dignités dont ils étoient décorés.** *A Paris, chez Duflos,* 1780, 2 vol. in-fol. montés sur onglets, mar. La Vall., encad. de fil., fleurons aux angles, dos orné, doubl. aux armes et au chiffre du comte René de Béarn, tr. dor. (*Chambolle-Duru*).

Recueil composé d'un titre, une dédicace et 216 PORTRAITS COLORIÉS, gravés par *Duflos, M*ˡˡᵉ *Duflos*, etc.

Belles épreuves à toutes marges dans un encadrement doré.

Parmi les portraits que renferme ce recueil, il convient de citer spécialement celui de MARIE ANTOINETTE en grand costume, d'après *Touzé ;* ce portrait est très recherché.

Portraits de Henri IV, Louis XVI, le Grand Condé, Anne de Bretagne, Élisabeth d'Angleterre, Marie-Thérèse, impératrice, etc., etc.

429. **SUITE des portraits des ducs et duchesses de la maison royale de Lorraine, dessinés et gravés d'après les médailles de St-Urbain par les plus habiles maîtres de Florence avec la dissertation historique et chronologique de Dom Augustin**

Calmet, abbé de Senones. *A Florence, chez François Moucke*, 1762-1763, 2 tomes en 1 vol. in-fol., mar. vert, fil., dos orné, dent. int., tr. dor. (*Rel. anc.*).

Exemplaire en GRAND PAPIER.
Portraits en médaillon gravés en taille-douce, avec texte explicatif.

---

430. LES AUGUSTES ROYS DE FRANCE DE LA TROISIÈME RACE. — Collection de 31 médaillons représentant les effigies des Rois de France depuis Hugues Capet jusqu'à Louis XV. Ces médaillons sont réunis dans une boîte in-folio en mar. rouge, le premier plat entièrement couvert de fleurettes et d'ornements, fermoirs en cuivre, intérieur en satin bleu, formant médailler. (*Boîte du XVIIe siècle*).

Les 31 portraits qui composent cet ensemble sont gravés en relief dans de la *pierre de Nuremberg*. Les armoiries y sont jointes ainsi qu'un titre. Autour du portrait de Louis XV se trouvent des trophées également taillés dans la pierre.
Très curieux ensemble admirablement exécuté.
La boîte qui renferme ces effigies est un travail de l'époque du XVIIe siècle en parfait état de conservation.

---

431. BONNART, SAINT-JEAN, MARIETTE, TROUVAIN, etc. — PORTRAITS DU XVIIe SIÈCLE. *Paris*, 1675-1700, 6 albums in-fol.

Importante réunion de 269 portraits, très précieuse pour l'histoire du XVIIe siècle.
Ces estampes ont été surtout publiées par *Nicolas et Henry Bonnart, J. D. de S‍ᵗ Jean, Trouvain, Mariette*, etc.
Voici le détail de cette collection de grandes et de petites estampes :
I. MAISON DE FRANCE, FAMILLE ROYALE, 60 portraits. — II. MAISON DE FRANCE, PRINCES DU SANG, 54 portraits. — III. — PRINCES LÉGITIMÉS et MAISON FRANÇAISE D'ESPAGNE, 31 portraits. — IV. HOMMES ET FEMMES CÉLÈBRES, 124 portraits.
La plupart des grandes planches sont courtes de marges.

432. DESROCHERS (E.). — Recueil de portraits des personnes qui se sont distinguées tant dans les armes que dans les belles

lettres et les arts, comme aussi de la famille royale de France et autres cours étrangères, gravez par E. Desrochers. *Se vend à Paris, chez l'auteur, s. d.* (1725), 7 albums pet. in-fol. montés sur onglets, cartonnés.

Très important recueil composé de 3 titres et de 654 portraits de personnages français et étrangers : rois, reines, princes et princesses, hommes et femmes célèbres.

Quelques portraits sont en ÉPREUVES AVANT LA LETTRE.

433. LARMESSIN (Nicolas de). — Les Augustes représentations de tous les roys de France depuis Pharamond jusqu'à Louis XIV, dit le Grand, à présent régnant, avec un abrégé historique sous chacun, contenant leurs naissances, inclinations et actions remarquables pendant leurs règnes. *A Paris, chez la veuve P. Bertrand,* 1679, 3 vol. pet. in-fol., montés sur onglets, mar. La Vall. encad. de fil., fleurons aux angles, dos orné, doubl. aux armes et au chiffre du comte René de Béarn, tr. dor. (*Chambolle-Duru*).

Recueil composé d'un titre et de 242 portraits gravés par *de Larmessin.*
Cette importante suite est ainsi répartie : Tome I. ROIS, REINES, PRINCES ET PRINCESSES DE LA MAISON DE FRANCE, 105 portraits. — Tome II. MAISONS SOUVERAINES ÉTRANGÈRES, 66 portraits. — Tome III. PERSONNAGES CÉLÈBRES, 71 portraits.

434. MONTCORNET (Balthasar). — Les Vrais pourtraicts des rois de France, tirez de ce qui nous reste de leurs monumens, sceaux, médailles ou autres effigies, conservées dans les plus rares et curieux cabinets du royaume, depuis Pharamond jusques à Louis 14ᵉ à présent régnant. *Et se vendent à Paris, chez B. Montcornet. s. d.,* 3 vol. in-4, montés sur onglets, cartonnés, tr. dor.

Important recueil de 272 portraits.
ROIS DE FRANCE, 65 portraits. — MAISONS SOUVERAINES ÉTRANGÈRES, 107 portraits. — PERSONNAGES CÉLÈBRES, 100 portraits.
Exemplaire dont le corps d'ouvrage, exécuté par *Chambolle-Duru,* est terminé, mais dont la reliure n'a pas été achevée, par suite du décès de ce relieur.

435. ODIEUVRE (Michel). — Recueil de 581 portraits réunis en
5 vol. in-4, montés sur onglets, cartonnés.

Très importante réunion de portraits gravés par les soins de *Michel
Odieuvre*.

ROIS DE FRANCE ET MAISON DE FRANCE, 109 portraits. — MAISONS SOU·
VERAINES ÉTRANGÈRES, 134 portraits. — PERSONNAGES CÉLÈBRES, 338 portraits.

Exemplaire dont le corps d'ouvrage, exécuté par *Chambolle-Duru*, est
terminé, mais dont la reliure n'a pas été achevée, par suite du décès de
ce relieur.

436. PONCE (Nicolas). — Les Illustres français ou tableaux
historiques des grands hommes de la France pris dans tous les
genres de célébrité. Dédié à Monseigneur comte d'Artois par
M. Ponce, d'après les dessins de M. Marillier. *A Paris, chez
l'auteur, s. d.* (1790-1816), in-fol. monté sur onglets, mar.
La Vall., encad. de fil., fleurons aux angles, dos orné, doubl.
aux armes et au chiffre du comte René de Béarn, tr. dor.
(*Chambolle-Duru*).

Recueil contenant un titre gravé aux armes de France et 95 planches,
dessinés par *Marillier*, gravés par *Ponce*, parmi lesquelles 19 épreuves
à l'état d'EAUX-FORTES et quelques planches AVANT L'ADRESSE IMPRIMÉE.

---

437. GUERRE DE L'INDÉPENDANCE AMÉRICAINE. — Recueil de 120 portraits réunis en 1 vol. in-fol. mar. bleu, à
longs grains, comp. de dent. dorée et à froid, dos orné, dent.
int., tête dor.

Réunion curieuse et intéressante des portraits des personnages français civils et militaires qui ont secouru l'Amérique et soutenu ses
revendications en contribuant au succès de la guerre.

Cette réunion se compose de 120 portraits, dont 55 en couleurs.
Quelques-uns sont très rares.

Vicomte de Beauharnais, gravé par *Levachez, Baudin*, gravé par *Mecou,
de Mannevillette*, gravé par *Patas, Suffren, La Motte Piquet, Rochambeau,
Lauzun*, etc., etc.

JURISPRUDENCE

438. CONSIDÉRATIONS sur l'inaliénabilité du domaine de la couronne (par Jacques de VARENNE). *A Paris, chez Le Jay*, 1755, in-8, mar. rouge, fil., dos orné, dent., int., tr. dor. (*Rel. anc.*).

Exemplaire aux armes de CHARLES ALEXANDRE de **Calonne**.

439. CORPS universel diplomatique du droit des gens, contenant un recueil des traitez d'alliance, de paix, de trève, de neutralité, de commerce, d'échange, etc., etc., faits en Europe depuis Charlemagne jusques à présent; avec les capitulations impériales et royales; les droits et les intérêts des princes et états de l'Europe, par J. DU MONT, baron de Carels-Croon. *A Amsterdam, chez P. Brunel*, 1726-1739, 29 vol. in-fol., mar. rouge, fil., dos orné, dent. int., tr. dor. (*Rel. anc.*).

Exemplaire en GRAND PAPIER.
Collection complète de ce recueil connu sous le nom : de *Corps diplomatique*. Rare dans cette condition.

440. ÉDIT d'union, règlemens et priviléges des secrétaires du Roy. *A Paris, chez Pierre Le Petit*, 1672, in-12, mar. rouge, fil., fleurs de lis aux angles et au dos, dent. int., tr. dor. (*Rel. anc.*).

Exemplaire aux armes de **Louis XIV**.

441. GRAND Porte-Feuille (Le) politique à l'usage des princes et des ministres, des ambassadeurs et des hommes de lois, des officiers généraux de terre et de mer, etc., etc., en dix-neuf tableaux, contenant la constitution actuelle des empires, royaumes, républiques, etc., etc., par M. de BEAUFORT. *A Paris, chez l'auteur.* 1789, gr. in-fol. veau marb., fleurons aux angles, dos orné, dent. int., tr. dor. (*Rel. anc.*).

Exemplaire aux armes de ARMAND JOSEPH de Béthune, duc de Charost.

442. JOURNAL des principales audiences du Parlement depuis l'année 1623 jusques à présent, avec les arrests intervenus en icelles. Reveu, corrigé et encores augmenté en cette quatriesme édition de plusieurs arrests....... par Jean DU FRESNE. *A Paris, chez la veuve Gervais Alliot,* 1658, in-fol., mar. rouge, dos orné, tr. marb. (*Rel. anc.*).

Exemplaire aux armes de Valbelle, *seigneur de Monfuron et de Rians.*

443. LOIS criminelles (Les) de France dans leur ordre naturel. Dédiées au Roy par M. MUYART DE VOUGLANS. *A Paris, chez Mérigot,* 1780, in-fol., mar. rouge, fil., fleurons aux angles, dos orné, dent. int., tr. dor. (*Rel. anc.*).

Exemplaire aux armes de Frédéric II, *roi de Prusse.*

444. ORDONNANCE de Louis XIV, roy de France et de Navarre : ensemble les édits et déclarations touchant la réformation de la justice. Du mois d'aoust 1669. *A Paris, chez les associez choisis par ordre de Sa Majesté,* 1669, in-4, mar. rouge, encad. de fil., fleurs de lis aux angles et au dos, dent. int., tr. dor. (*Rel. anc.*).

Exemplaire aux armes de PIERRE Séguier.

445. ORDONNANCE de Louis XIV, roy de France et de Navarre, donnée à Saint Germain en Laye au mois d'aoust 1670, pour les matières criminelles. *A Paris, chez les associez choisis par Sa Majesté,* 1670, in-4, mar. rouge, encad. de fil., fleurs de lis aux angles et au dos, dent. int., tr. dor. (*Rel. anc.*).

Exemplaire aux armes royales : *fer de Louis XIII.*

446. ORDONNANCES des Roys de France de la troisième race, recueillies par ordre chronologique avec des renvoys des unes aux autres, des sommaires, des observations sur le texte et cinq tables par M. de LAURIERE, SECOUSSE, VILLEVAULT et BRÉQUIGNY. *A Paris de l'Imp. royale*, 1723-1790, 14 vol. in-fol., mar. rouge et vert, fil., dos orné, dent. int., tr. dor. (*Rel. anc.*).

Exemplaire provenant des doubles de Versailles vendus en 1853; il est relié par *Pasdeloup*, dont l'étiquette est collée sur le titre du premier volume.

Les tomes XII, XIII, XIV sont reliés en maroquin vert aux armes royales.

On joint à l'exemplaire : 1° TABLE générale chronologique des 9 premiers volumes publiée en 1755 par de Villevault, in-fol. veau marb., aux armes royales (*Rel. anc.*).

2° Les TOMES XVI à XXI publiés de 1814 à 1849 et la TABLE publiée par Pardessus. Ens. 7 vol. in-fol., mar. bleu, fil. sur les plats et le dos, fil. int., tr. dor (*Chambolle-Duru*).

447. RECUEIL d'aucuns notables arrests donnez en la Cour de Parlement de Paris, pris des mémoires de feu M. maistre Georges Louvet. Nouvelle et dernière édition reveue, corrigée de quantités de fautes notables qui s'estoient glissées dans les premières éditions, par feu M° Julien BRODEAU. *A Paris, chez P. Rocolet*, 1661, 2 vol. in-fol., mar. rouge, dos orné, tr. marb. (*Rel. anc.*).

Exemplaire aux armes de **Valbelle**, *seigneur de Monfuron et de Rians*.

448. RECUEIL d'ordonnances. *A Paris, chez Le Boucher*, 1785-1788, 14 parties en 13 vol. in-18, mar. rouge, fil., dos orné, dent. int., tr. dor. (*Rel. anc.*).

Tableau des successions, suivi du texte des coutumes de la prévôté et vicomté de Paris. Ordonnances en matières criminelles. Ordonnances du commerce, du faux, des hypothèques, des eaux et forêts. Testaments, donations, substitutions, etc., etc.

449. RECUEIL tiré des procédures criminelles faites par plusieurs officiaux et autres juges du royaume, contenant la manière d'instruire les procès par les officiaux seuls sur le délit

commun, par les officiaux conjointement avec les juges royaux......... par Pierre de COMBES. *A Paris, chez Nicolas Le Gras,* 1700, in-4, mar. rouge, fil., dos orné, dent. int., tr. dor. *(Rel. anc.).*

Exemplaire aux armes de LOUIS ANTOINE de Noailles, *cardinal archevêque de Paris.*

450. STILE universel de toutes les cours et juridictions du royaume pour l'instruction des matières criminelles, suivant l'ordonnance de Louis XIV du mois d'aoust 1670. Divisé en deux parties. *A Paris, chez les associés choisis par ordre de Sa Majesté,* 1679, in-4, mar. rouge, comp. de fil. à la Du Seuil, dos orné, dent. int. tr. dor. *(Rel. anc.).*

Exemplaire aux armes de JEAN NICOLAS de Tralage.

LIVRES MODERNES

451. BUCHON (J. A.). Collection des chroniques nationales françaises, écrites en langue vulgaire du treizième au seizième siècle, avec notes et éclaircissements. *Paris, Verdière*, 1826-1828, 47 vol. in-8, demi-rel. veau fauve, dos orné, tr. marb. (*Niédrée*).

Ouvrage facile à lire, parce que l'auteur n'a pas respecté la vieille orthographe des chroniqueurs, et a remplacé les expressions de l'époque par celles que la langue française a depuis fixées et adoptées.

452. CIMBER (L.) et DANJOU (F.). Archives curieuses de l'histoire de France depuis Louis XI jusqu'à Louis XVIII, ou collection de pièces rares et intéressantes, telles que chroniques, mémoires, pamphlets, lettres, vies, procès, etc., etc., publiées d'après les textes conservés à la bibliothèque royale et accompagnées de notices et d'éclaircissemens. Ouvrage destiné à servir de complément aux collections Guizot, Buchon, Petitot et Leber, *Paris, Beauvais*, 1834-1840, 27 vol. in-8, demi-rel. mar. vert, tête dor., non rognés.

Réunion de petites pièces, de récits détaillés de tel ou tel événement, de fragments d'histoire anecdotique. Cet ouvrage qui devait avoir pour terme la Révolution, s'arrête à la mort de Louis XIV, et n'a jamais été terminé.

453. FLASSAN (de). Histoire générale et raisonnée de la diplomatie française, depuis la fondation de la monarchie jusqu'à

la fin du règne de Louis XVI, avec des tables chronologiques
de tous les traités conclus par la France, *A Paris, chez Lenor-
mand*, 1809, 6 vol. in-8, mar. La Vall. jans., fil. int., tr. dor.
(*Pagnant*).

454. GUIZOT (François). L'histoire de France depuis les temps
les plus reculés jusqu'en 1789, racontée à mes petits enfants.
Paris, Hachette et Cie, 1872-1876, 5 vol. gr. in-8, mar. La Vall.
jans. fil. int., tr. dor. (*Pagnant*).

> Bel exemplaire du PREMIER TIRAGE relié sur brochure.
> Nombreuses gravures sur bois, dans le texte et hors texte, par *Al-
> phonse de Neuville*.

455. — Collection des mémoires relatifs à l'histoire de France,
depuis la fondation de la monarchie française jusqu'au
xiiie siècle; avec une introduction, des suppléments, des notices
et des notes. *Paris*, 1824-1835, 31 vol. in-8, demi-rel. mar.
rouge, coins, dos orné, tête dor., non rognés.

> Publication en français, et en français seulement, de toutes ces chro-
> niques, la plupart écrites en latin. L'intention de l'auteur était d'en
> vulgariser la lecture.

456. LAVISSE (Ernest). Histoire de France depuis les origines
jusqu'à la Révolution. Publiée avec la collaboration de
MM. Bayet, Bloch, Carré, Coville, Langlois, etc. *Paris, Hachette
et Cie* 1903-1911, 9 tomes en 18 vol. pet. in-4, papier vergé,
cartes et plans, mar. La Vall. jans., fil., int., tr. dor. sur
témoins (*Pagnant*).

457. LEBER (C.). Collection des meilleures dissertations, notices
et traités particuliers relatifs à l'histoire de France, composée,
en grande partie, de pièces rares, ou qui n'ont jamais été
publiées séparément; pour servir à compléter toutes les collections de mémoires sur cette matière. *Paris, Dentu*, 1838,
20 vol. in-8, demi-rel. mar. vert, tête dor., non rognés.

> Complément nécessaire des collections publiées par MM. Petitot et
> Monmerqué, Michaud et Poujoulat. L'auteur s'est attaché à ne publier

que de très courts traités, écrits par les érudits des deux derniers
siècles, propres à éclaircir certains points obscurs, controversés ou peu
connus.

458. MARTIN (Henri). Histoire de France depuis les temps les
plus reculés jusqu'en 1789. Quatrième édition, *Paris, Furne,
Jouvet et Cie*, 1878, 17 vol. in-8, gravures sur acier, mar. La
Vall. jans., fil. int., tr. dor. sur témoins (*Lortic*).

Ouvrage ayant obtenu le GRAND PRIX GOBERT et le GRAND PRIX BIEN-
NAL.

459. MICHAUD et POUJOULAT. Nouvelle collection des
mémoires pour servir à l'histoire de France, depuis le
xiiie siècle jusqu'à la fin du xviiie. Précédés de notices pour
caractériser chaque auteur des mémoires et son époque;
suivis de l'analyse des documents historiques qui s'y rapportent. *Paris*, 1836-1839, 32 vol. gr. in-8 à 2 col., demi-rel.
veau fauve, dos orné, tr. jasp.

Reproduction de la collection Petitot et Monmerqué, mais avec la
publication de mémoires restés jusqu'ici inédits ou qui n'avaient encore
été imprimés que séparément. Fragments inédits de mémoires déjà
connus.

460. MICHELET (Jules). Histoire de France. Nouvelle édition,
revue et augmentée, avec illustrations par Vierge. *Paris,
Le Vasseur, s. d.*, (1876-1877), 19 vol. in-8, mar. La Vall.
jans., fil. int., tr. dor. sur témoins, couvert. (*Lortic*).

Superbe exemplaire. PREMIER TIRAGE des dessins de *Daniel Vierge*.

461. PETITOT et MONMERQUÉ. Collection complète des mémoires relatifs à l'histoire de France, depuis le règne de
Philippe-Auguste jusqu'au commencement du dix-septième
siècle. *Paris, Foucault*, 1819-1826, 52 vol. — Collection des
mémoires relatifs à l'histoire de France depuis l'avènement de
Henri IV jusqu'à la paix de Paris, conclue en 1763. *Ibid. id.*,
1820-1829, 79 vol. — avec des notices sur chaque auteur et des
observations sur chaque ouvrage. Ens. 131 vol. in-8, y compris

le tome XXIbis de la seconde série, demi-rel. veau fauve, dos
orné, tr. jasp. (*Rel. de l'époque*).

Cette collection ne contient que des mémoires écrits par les personnages dont ils portent le nom.

Toutes les histoires particulières ont été rejetées.

Chacune des séries de cette collection est terminée par une table, à
la fois méthodique et alphabétique, qui est l'œuvre de M. Delbare. On
joint à cette collection les ŒUVRES COMPLÈTES DU SEIGNEUR DE BRAN-
TOME, accompagnées de remarques historiques et critiques. *Paris, Foucault*, 1822-1823, 8 vol. in-8 (*même rel.*).

---

462. AUMALE (Mgr le Duc d'). Histoire des princes de Condé
pendant les XVIe et XVIIe siècles. *Paris, Michel Lévy frères*,
1863-1896, 8 vol. in-8 dont un de table, port. et cartes, mar.
bleu, fil., fleurs de lis aux angles et au dos, dent. int., tr. dor.
(*Brany*).

PREMIÈRE ÉDITION ENTIÈREMENT TERMINÉE.

Très bel exemplaire imprimé sur PAPIER DE HOLLANDE.

Les deux premiers volumes de l'*Histoire des Princes de Condé* étaient
imprimés lorsque le gouvernement en interdit la publication et les fit
saisir. Le Duc d'Aumale intenta un procès qu'il gagna, mais qui ne dura
pas moins de six ans. Ce fut seulement en 1869 que l'ouvrage put être
rendu à la publicité.

463. BARANTE (de). Histoire des Ducs de Bourgogne de la
maison de Valois. 1364-1477. *A Paris, chez Ladvocat*, 1824,
13 vol. in-8, veau fauve, fil., tête dor. non rognés.

Bel exemplaire en PAPIER VÉLIN avec les portraits et figures tirés sur
Chine.

On y a ajouté les portraits des principaux personnages dont il est
question dans l'ouvrage, ainsi que quelques vues de France et de Bourgogne.

464. BASTARD D'ESTANG (Vicomte de). Les Parlements de
France. Essai historique sur leurs usages, leur organisation et
leur autorité. *Paris, Didier*, 1858, 2 vol. in-8, mar. grenat, fil.,
fleurs de lis aux angles et au dos, dent. int., tr. dor. (*Belz-
Niédrée*).

Exemplaire aux armes du **vicomte de Bastard d'Estang**.

465. CHOUPPES (Marquis de). Mémoires suivis des mémoires du duc de Navailles et de La Valette (1630-1682). Revus, annotés et accompagnés de pièces justificatives inédites par M. C. Moreau. *Paris, Téchener,* 1861, in-8, mar. bleu, fil., chiffre aux angles et au dos, dent. int., tr. dor. (*Belz-Niédrée*).

Exemplaire aux armes de PAUL d'Albert de Luynes, Duc de Chaulnes.

466. COIGNY (Marquise de). Lettres de la marquise de Coigny et de quelques autres personnes appartenant à la société française de la fin du XVIIIe siècle. Publié sur les autographes avec notes et notices explicatives. *Paris, Imp. Jouaust et Sigaux,* 1884, in-8, mar. bleu, fil., dos plat, orné et mosaïqué, fil. int., non rog., couv. et dos (*Pagnant*).

Bel exemplaire de D. Jouaust, imprimé sur PAPIER WHATMAN.
Il contient le portrait par *Lalauze* en QUATRE ÉTATS, dont deux avec remarques signées par l'artiste.
On a ajouté deux lettres autographes de Jouaust, relatives à l'ouvrage.

467. COURCELLES (M. S. de Lénoncourt, marquise de). Mémoires et correspondance, précédés d'une histoire de sa vie et de son procès, revue et augmentée d'après des documents inédits par C. H. de S. D. *Paris, Académie des bibliophiles,* 1863, in-8, mar. grenat, fil., dos orné, dent. int., tr. dor. (*Hardy*).

Un des 10 exemplaires imprimés sur PAPIER WHATMAN.
Fraîche et bonne reliure.

468. CRAUFURD (Quintin). Mélanges d'histoire, de littérature, etc., tirés d'un porte-feuille. *S. l. (Paris),* 1809, in-4, veau fauve, fil. et dent. à froid, dos orné, fil. int., tr. dor. (*Rel. de l'époque*).

Bel exemplaire en GRAND PAPIER.
Une grande partie de ce volume renferme le journal de Mme du Hausset, femme de chambre de Mme de Pompadour. Les autres chapitres sont consacrés à Héloïse et Abeilard, au masque de fer, aux mœurs et usages de la cour, etc., etc.

469. DANGEAU (Marquis de). Journal, publié en entier pour la première fois par MM. Soulié, Dussieux, de Chennevières, Mantz, de Montaiglon; avec les additions inédites du duc de Saint-Simon, publiées par M. Feuillet de Conches. *Paris, Firmin-Didot frères*, 1854-1860, 19 vol. in-8 dont un de table, mar. rouge jans., dent. int., tr. dor. (*David*).

> Superbe exemplaire dans une bonne et fraîche reliure.
> Journal de la cour, tenu au jour le jour, du 1er avril 1684 au 16 août 1720.
> A la page 337 du Tome XVIII on lit : *Le 22 août M. le marquis de Dangeau tomba malade d'une jaunisse, avec la fièvre, et mourut le 9 septembre, à 8 heures 1/2 du soir, âgé d'environ 84 ans. C'est lui qui a écrit tous ces mémoires, et ne les a pu continuer que jusqu'au 16 août 1720.*

470. GRAMMONT (Comte de). Mémoires par le C. Antoine Hamilton. Édition ornée de (78) portraits gravés d'après les tableaux originaux. *A Londres, chez Edwards, s. d.,* in-4, mar. bleu à longs grains, comp. de fil. en losange, dent. à froid, dos orné, doubl. et gardes de tabis rouge, dent. int., tr. dor.

> Très bel exemplaire aux armes de CAROLINE FERDINANDE LOUISE de Bourbon-Sicile, duchesse de Berry. Il renferme les notes et éclaircissements qui manquent souvent.

471. GRIMM et DIDEROT. Correspondance littéraire, philosophique et critique, depuis 1753 jusqu'en 1790. Nouvelle édition, revue et mise dans un meilleur ordre, avec des notes et des éclaircissements, et où se trouvent rétablies pour la première fois les phrases supprimées par la censure impériale. *A Paris, chez Furne,* 1829-1831, 16 tomes en 8 vol. in-8, veau fauve, fil., dos orné, dent. int., tr. dor. (*Closs*).

> Exemplaire aux armes du baron JÉROME Pichon.

472. HÉFÉLÉ (Charles-Joseph), Histoire des conciles d'après les documents originaux, traduite de l'allemand, par M. l'abbé Goschler et M. l'abbé Delarc. *Paris, Adrien Le Clère et Cie,* 1869-1878, 12 vol. dont un de table, in-8, mar. tête de nègre jans., fil. int., tr. dor. sur témoins, couv. et dos cons.

> Bel exemplaire dans une excellente reliure de *Meunier.*

473. JEANNIN (Président) Négociations diplomatiques et politiques. Nouvelle édition. *A Paris, chez Petit*, 1819, 3 vol. in-8, portrait, mar. vert à longs grains, encad. de fil. et dent., dos orné, dent. int., tr. dor. (*Rel. de l'époque*).

> Bel exemplaire aux armes de Caroline Ferdinande Louise de Bourbon-Sicile, duchesse de Berry.
> Son ex-libris est collé à l'intérieur des volumes.

474. LA FORCE (Jacques-Nompar de Caumont, duc de). Mémoires authentiques et de ses deux fils, les marquis de Montpouillan et de Castelnaut, recueillis, mis en ordre et précédés d'une introduction par le marquis de La Grange. *Paris, Charpentier*, 1843, 4 vol. in-8, demi rel. veau bleu, coins, dos orné en long, tr. marb. (*Rel. de l'époque*).

475. LOUIS-AUGUSTE, DAUPHIN (Louis XVI) Réflexions sur mes entretiens avec M. le duc La Vauguyon, précédées d'une introduction par M. de Falloux, accompagnées d'un fac-similé du manuscrit. *Paris, Aillaud*, 1851, gr. in-8, mar. rouge, large dent., dos orné, dent. int., tr. dor.

> Bel exemplaire ayant appartenu à Jules Janin.
> Riche et fraîche reliure.

476. LUYNES (Duc de) Mémoires sur la cour de Louis XV (1735-1758) publiés sous le patronage de M. le Duc de Luynes, par M. L. Dussieux et Eud. Soulié. *Paris, Firmin-Didot frères*, 1860-1865, 17 vol. in-8, dem. rel. mar. vert, tr. jaunes (*Pagnant*).

477. SAINT-ALLAIS (de). L'art de vérifier les dates des faits historiques, des inscriptions, des chroniques, etc., avant l'ère chrétienne, par un religieux de la congrégation de Saint-Maur; imprimé pour la première fois sur les manuscrits des bénédictins, mis en ordre par M. de Saint-Allais. *A Paris chez l'éditeur*, 1820, in-fol., mar. bleu, fil., dos orné de fil., fil. int., tr. dor. (*Chambolle-Duru*).

478. SAINT-SIMON (Duc de) Mémoires complets et authentiques sur le siècle de Louis XIV et la Régence, collationnés sur le manuscrit original par M. Chéruel, et précédés d'une notice par M. Sainte-Beuve. *Paris, Hachette*, 1856-1858, 20 vol. in-8, demi rel. mar. vert, coins, dos orné, tête dor., non rognés (*Smeers*).

Édition la meilleure, la plus complète et la plus facile à lire.

479. TALLEMANT DES RÉAUX. Les Historiettes. Troisième édition entièrement revue sur le manuscrit original et disposée dans un nouvel ordre par MM. de Monmerqué et Paulin Paris. *Paris, Téchener*, 1854-1860, 9 vol. gr. in-8, veau fauve, fil., dos orné, dent. int., tr. dor. (*Petit, succ. de Simier*).

Première édition complète et sans suppressions, établie d'après le manuscrit autographe qui faisait partie de la bibliothèque de Mgr le Duc d'Aumale.
Bel exemplaire dans une excellente et fraîche reliure.

480. **BOUCHOT** (Henri). Catherine de Médicis. *Paris, Boussod, Manzi, Joyant et C*^ie, 1899, in-4, mar. La Vall. doubl. de vélin blanc aux armes et au chiffre du comte René de Béarn, tr. dor. sur témoins, couv. et dos (*Thierry*).

Exemplaire imprimé sur papier du Japon, avec une suite de 49 planches tirées en camaïeux divers. Portrait-frontispice en couleurs.

481. **NOLHAC** (Pierre de). Louis XV et Marie Leczinska. *Paris, Manzi, Joyant et Cie*, 1900, in-4, mar. bleu, doubl. de vélin blanc aux armes et au chiffre du comte René de Béarn, tr. dor. sur témoins, couv. et dos (*Thierry*).

Exemplaire imprimé sur papier du Japon, avec une double suite des planches et un frontispice en couleurs.

482. — Louis XV et Madame de Pompadour. *Paris, Manzi, Joyant et Cie*, 1903, in-4, mar. bleu, doubl. de vélin blanc aux

a rmes et au chiffre du comte René de Béarn, tr. dor. sur témoins, couv. et dos (*Thierry*).

Exemplaire imprimé sur papier du Japon, avec une double suite des planches et un frontispice en couleurs.

483. — La Dauphine Marie-Antoinette. *Paris, Boussod, Valadon et Cie, s. d.,* in-4, mar. bleu, doubl. de vélin blanc aux armes et au chiffre du comte René de Béarn, tr. dor. sur témoins, couv. et dos (*Thierry*).

Un des 75 exemplaires imprimés sur papier du Japon, avec une double suite des planches et un frontispice en couleurs.
Très rare et très recherché.

484. — La Reine Marie-Antoinette. *Paris, Boussod,* 1890, in-4, mar. bleu, doubl. de vélin blanc aux armes et au chiffre du comte René de Béarn, tr. dor. sur témoins, couv. et dos (*Thierry*).

Un des 50 exemplaires imprimés sur papier du Japon, avec une double suite des planches et un frontispice en couleurs.
Très rare et très recherché.

485. **REISET** (Vicomte de). Joséphine de Savoie, comtesse de Provence, 1753-1810, d'après des documents inédits. *Paris, Emile-Paul,* 1913, in-4, nombreuses illustrations, mar. bleu, doubl. de vélin blanc aux armes et au chiffre du comte René de Béarn, tr. dor. sur témoins, couv. et dos (*Thierry*).

Un des 25 exemplaires imprimés sur papier du Japon, avec un frontispice en couleurs.

486. **SAINT-ANDRÉ** (Claude). Madame du Barry, d'après les documents authentiques. Préface de M. Pierre de Nolhac. *Paris, Em.-Paul,* 1908, in-4, mar. rouge, doubl. de vélin blanc aux armes et au chiffre du comte René de Béarn, tr. dor. sur témoins, couv. et dos (*Thierry*).

Un des 50 exemplaires imprimés sur papier du Japon, avec les portraits en deux états et un frontispice en trois états.

487. **STRYIENSKI** (Casimir). Mesdames de France, filles de
Louis XV. Documents inédits. *Paris, Em. Paul,* 1910, in-4,
broché, couvert.

Un des 25 exemplaires imprimés sur papier du Japon, avec de nombreuses illustrations et un frontispice en deux états.

ORDRE DES VACATIONS

PREMIÈRE VACATION

Le Lundi 15 Novembre 1920

LIVRES ANCIENS :

Histoire universelle	Nᵒˢ 1 à 41
Histoire de France. Généralités	42 à 64
Des Origines à Henri III	65 à 121

DEUXIÈME VACATION

Le Mardi 16 Novembre 1920

De Henri III aux Bourbons	Nᵒˢ 122 à 164
De Henri IV à Louis XIV	165 à 243

TROISIÈME VACATION

Le Mercredi 17 Novembre 1920

De Louis XIV aux États Généraux de 1789	Nᵒˢ 244 à 338
Histoire Militaire	339 à 363

QUATRIÈME VACATION

Le Jeudi 18 Novembre 1920

Mémoires et vies	Nᵒˢ 364 à 383
Ordonnances, états militaires, etc.	384 à 411
Uniformes militaires, portraits	412 à 437
Jurisprudence. — Livres modernes	438 à 487

85500. — PARIS, IMPRIMERIE GÉNÉRALE LAHURE

9, rue de Fleurus, 9

www.ingramcontent.com/pod-product-compliance
Lightning Source LLC
LaVergne TN
LVHW012258170726
843503LV00002B/582